Attila Bencsik

Selbstheilung durch Gedankenkraft

Attila Bencsik

Selbstheilung durch Gedankenkraft

Gesundheit kommt von innen

AIRA

MIX
Papier aus verantwortungsvollen Quellen
FSC® C106847
FSC
www.fsc.org

Neuausgabe 2012

Bisheriger Titel: Wellness kommt von innen

Umschlagkonzeption und -gestaltung: Verlag AIRA
Umschlagmotiv: © René Sputh – Fotolia.com

Herstellung: fgb · freiburger graphische betriebe
www.fgb.de

Printed in Germany

ISBN 978-3-95474-001-7

Inhalt

Teil I
Wellness kommt von innen

Wellness ist keine neue Medizin. Ihre Grundlagen bestehen nicht in gesunder Ernährung, körperlicher Fitneß oder sportlich-vitalem Outfit.

Beautyfarmen, Funbäder, Fitneßcenter, Sonnenstudios und dergleichen schießen wie Pilze aus dem Boden und wollen uns schöne, sonnengebräunte Körper, Jugendlichkeit, Attraktivität und sinnliche Ausstrahlung versprechen.

Wer hier nicht mithalten will oder kann, ist „out" im Jahrmarkt der Eitelkeiten.

Mit dem Begriff „Wellness" ist jedoch mehr gemeint als nur ein Kampf gegen lästiges Übergewicht, anderes beabsichtigt als die Glättung von Gesichtsfalten, die von Alter aber auch von gelebtem Leben künden.

In dem Begriff „Wellness" ist mehr enthalten als nur Diät, Gymnastik, Jogging und Bizeps.

Wellness ist eine besondere Einstellung zu unserem Dasein, zu unserem Leben. Wir können uns durch sie Altern und Sterben nicht vom Halse schaffen. Durch sie können wir jedoch eine andere Einstellung zu dem einzigen, was wir wirklich besitzen, nämlich zu unserem Leben, herbeiführen.

Nach Anderson (1996) umfaßt Wellness sechs wichtige Lebensbereiche, nämlich den physischen, emotionellen, sozialen, intellektuellen, beruflichen und geistigen Bereich.

Daraus wird bereits ersichtlich, daß Wellness nur als Ganzes funktioniert, nämlich nicht mehr und nicht weniger als die Einheit von Körper, Seele und Geist im Auge hat. Das ist beileibe keine neue Erkenntnis. Schon bei Plato ist nachzulesen: „Der Teil kann niemals gesund sein, wenn nicht das Ganze gesund ist."

Wenn wir bei unserem Tun, Handeln und Lassen jedoch bevorzugt auf die Außenwelt schielen und uns ständig fragen, wie wir bei unseren Mitmenschen „ankommen", wie begehrt, attraktiv und leistungsfähig wir diesen gelten, leben wir eindimensional. In dieser Einseitigkeit unserer Ausrichtung lassen wir einen wichtigen Bereich verkümmern, nämlich unsere Innenwelt, unsere Seele.

Dabei können wir alle diese drei Bereiche des Körpers, der Seele und unseres Geistes immer wieder neu gestalten: Tag für Tag, Jahr für Jahr. Denn wir sind die Meister unseres Lebens. Wir bestimmen, was wir denken, fühlen, ob und wie wir handeln. Das nimmt uns keiner ab, auch, wenn wir das manches Mal so empfinden mögen. Wir sind verantwortlich für alles das, was sich bei uns „innen" abspielt.

Eine wichtige pädagogische Grundregel besagt: „Sei authentisch." Damit ist gemeint: „Spiele keine Spiele im Theater des Lebens. Was immer du auch denkst und fühlst, tust und läßt: Sei Du; immer nur Du selbst."

Das hört sich einfach an und ist doch letztlich unerreichbar. Wer sich im Labyrinth des Lebens nicht häufiger verirrt, meint es mit der Suche nach Sinn und Bedeutung wohl nicht gar so ernst. Wer auf seinem Lebensweg nur selten in Sackgassen und Hohlwegen landet, benutzt lieber ausgetretene Straßen von Anpassung und persönlicher Sicherheit. Auch das kann einen guten Sinn in sich tragen. Nicht jeder ist ein Abenteurer und ein Schatzsucher des Lebens.

Ihm wird es nur schwerer fallen, die andere Seite von Wellness zu erfahren und in seinem Leben zu integrieren: die Gestaltung und Ausformung der Seele in seinem Körper. Unsere Seele sitzt nicht nur in unserem Kopf. Sie befindet sich in jeder einzigen Körperzelle und ist unsere „innere Landschaft", in der wir uns bewegen können genauso wie in der Welt, die uns umgibt.

Der einzige Unterschied ist der, daß wir die innere Welt erfahren durch unsere Phantasie. Auch in unserer Phantasie verfügen wir über Füße, Beine, Arme, Hände, mit denen wir die Welt innerlich begehen und erfassen können. Die Phantasie kann ein schönes Antlitz, einen wohlgeformten Körper, eine „gesunde" Einstellung zu sich selbst und der umgebenden Welt zaubern. Die Phantasie kann ein Gleichgewicht zwischen Körper, Geist und Seele herstellen. Sie ist eine „Waage der Gesundheit". (Ausführlicher werde ich in dem Kapitel „Die Waage der Gesundheit" auf diesen Aspekt eingehen.)

„Das einzig maßgebliche Ziel von Wellness besteht in beständiger persönlicher Erneuerung. Wellness strebt nach ständiger Verbesserung und Selbsterneuerung in allen Bereichen des menschlichen Lebens" (Anderson, 1996). Erneuerung entsteht durch Wandel von Einstellungen, Suche nach Sinn und dem Finden neuer Lebensmöglichkeiten. Dabei ist die Phantasie ein guter Weggefährte auf diesem besonderen Weg ohne Worte, der uns nach innen führt.

Von der Weisheit des Körpers

„Der Medizinmann hat aus dem gleichen Grund Erfolg, aus dem alle Ärzte Erfolg haben. Jeder Patient trägt seinen inneren Heiler in sich. Sie kommen zu uns und wir kennen die Wahrheit nicht. Wir tun am besten, wenn wir dem Arzt der in jedem Patienten wohnt, Gelegenheit geben, seine Arbeit zu tun."

Diese Worte stammen von dem berühmten Arzt Albert Schweitzer.

Der modernen Medizin ist in den letzten Jahrzehnten sicherlich vieles gelungen, wovon man früher noch nicht einmal zu träumen wagte.

Die meisten Seuchen sind, zumindest im europäischen Raum, so gut wie ausgerottet.

Viele neue Operationstechniken sind entwickelt worden. Die Lebenszeit der meisten Menschen in unserer Kultur hat sich erheblich verlängert mit allen Auswirkungen auf unsere sozialpolitischen Systeme.

Den Ausbruch neuer Erkrankungen hat die Medizin jedoch nicht verhindern können.

Auch die Anzahl von Erkrankungen, an denen wir Menschen leiden, hat sie wohl ebenfalls nicht reduzieren können.

Natürlich liegt das auch daran, daß wir immer älter werden und somit erst die „Chance" erhalten, an Krankheiten zu leiden, die oft erst in einem höheren Lebensalter auftreten.

In einem weiteren Punkt ist die Arbeitsweise der westlichen Medizin als fragwürdig zu bezeichnen. Sie glaubt, durch die Behandlung der Krankheitssymptome, diese beseitigen zu können. Immer wieder muß sie jedoch neu erkennen, daß Krankheit so flexibel und so erfinderisch ist, neue Ursachen zu finden, um sich weiter verwirklichen zu können.

Und noch eines ist weitgehend unerforscht und wird dies wohl für lange Zeit auch bleiben:

Die Medizin versteht in vielen Fällen nicht, was bei einer Gesundung, einer Heilung eigentlich vor sich geht. Was auch immer dazu bereits bekannt sein mag, es bleiben immer ungeklärte Faktoren, warum der eine stirbt, der andere, mit der gleichen Erkrankung, jedoch überlebt.

Unser Körper dagegen verfügt über dieses Wissen und über viele zusätzliche und weitgehend unbekannte wundersame Heilmittel.

Immer mehr Menschen setzen sich heute vermehrt mit den Zusammenhängen von Gesundheit und Krankheit auseinander. Immer häufiger fragen sie auch nach Ursache und Sinn einer Erkrankung. Sie sehen sich nicht mehr länger als bloßen Spielball irgendwelcher Viren und körperlicher Unvollkommenheiten.

Sie begeben sich darüber hinaus auf die Suche nach einer persönlichen Botschaft, die hinter dem Leiden stehen könnte.

Durch unseren Körper sind wir mit der Welt verbunden. Er gibt uns die Möglichkeit, uns zu spüren, uns auszudrücken, uns lebendig anzufühlen. Unsere Körperlichkeit untersteht den Gesetzmäßigkeiten eines stetigen Wandels: Geburt und Wachsen, Bestehen und Zerfallen sind Rhythmen, die nicht die Grundlage einer ewigen Glückseligkeit und Harmonie sein können. Krankheit und Leiden sind die zeitweiligen Begleiter wohl jedes Menschen.

Sie sind nicht in Ihrem Körper. Der Körper ist in Ihnen. Seele und Körper sind untrennbar miteinander verbunden und verwoben so wie ein Teppich aus vielen Fäden besteht und dennoch eine Einheit bildet.

Machen Sie sich doch ruhig einmal bewußt, was Ihr Körper alles für Sie ist, alles für Sie leistet und zwar ununterbrochen:

Ihr Körper

- ist Ihr „inneres Zuhause",
- ist ein Hohlraum mit Räumen, Höhlen und Grotten,
- ist ein Leitungssystem mit einer Unzahl von Arterien, Venen, Nervensträngen,
- verfügt über ganz verschiedene Regulationssysteme (Wasser, Elektrizität, Biochemie),
- verwandelt anorganische Materie in organische,
- verfügt über verschiedene Alarmsysteme,
- entwickelt eine Unzahl von Abwehr- und Verteidigungsstrategien gegenüber fremden Zellen und Krankheitserregern,
- verfügt über Versorgungs- und Entsorgungssysteme,
- erneuert sich in einem bestimmten Rhythmus immer wieder,
- verfügt über Systeme, die seine Temperatur regeln,
- schafft die Voraussetzungen zur Kommunikation mit der Umwelt,
- beansprucht Raum,
- ist durch Bindegewebe, Muskulatur, Knochen und Haut geschützt und trotzdem leicht verletzbar,
- ist intelligent und vergißt nichts,
- heilt seine „Störungen" in vielen Fällen selbst,
- ist ein Universum im Kleinen.

Diese Aufzählung ließe sich sicherlich noch beliebig fortsetzen. Wichtig ist nur, daß Sie erkennen, daß Ihr Körper im Grunde alle Möglichkeiten hat, sehr gut mit Krankheit und Schmerzen selbst fertig zu werden.

Vielleicht können Sie sich nun vorstellen, daß Sie in Ihrer Phantasie geradezu in Ihrem Körper spazierengehen können, da dort, genau wie in Ihrer Außenwelt, Landschaften, Räume und Wege vorhanden sind.

Bei den Fragen zu Gesundheit und Krankheit geht es immer um das Ganze, um die Einheit. Wir integrieren unseren Körper nur dann, wenn wir ihn als Teil unserer eigenen Innenwelt anerkennen. Er ist eben kein reiner biologischer Organismus, der wie eine Maschine funktioniert, der nur hin und wieder gut geölt und repariert werden muß, damit er jederzeit für uns funktioniert.

Unser ganzes Leben steht unter der Gesetzmäßigkeit von Polaritäten, von Außen- und Innenwelt, von Geben und Nehmen, von Körper und Seele. Keine Krankheit kommt von ungefähr und befällt uns durch einen Zufall. Jedes Leiden, jeder Schmerz haben natürlich wie alles, was uns begegnet und zustößt in unserem Leben, letztlich ihren tiefen Sinn.

Die Waage der Gesundheit ist bei dem Ausbruch einer Erkrankung nicht mehr im Lot, im Gleichgewicht. Sie hat sich nach einer Seite hin verschoben.

Die Medizin versteht das so, daß dann in Form von Medikamenten, Operationen und anderen Behandlungsmethoden die eine Schale aufgefüllt wird, damit wieder eine Balance herrscht.

Doch ist dies eben nur die eine Seite. Der Körper ist mehr als dies. Er hat auch eine Seele und die Seele hat ihren Körper. Beide wollen etwas geben und etwas voneinander haben, damit der Mensch, der beides in sich trägt, mit ihnen Frieden schließen kann. Dabei gibt es viele Wege, diesen Frieden, den Ausgleich zwischen beiden Waagschalen zu finden.

In Eingeborenenkulturen besteht die schamanische Heilbehandlung gerade darin, daß der individuelle Körper nicht das Privateigentum seines „Besitzers“ ist, sondern Allgemeingut des jeweiligen Stammes, Teil eines komplexen sozialen Zusammenhangs.

„Die Aufgabe des Schamanen, des Medizinmannes der Primitivkulturen war es immer, nicht das Individuum zu heilen, sondern Ordnung und Ausgewogenheit im Zusammenhang mit Individuum und Kosmos wiederherzustellen. Daher die Reise ins Geisterland, die Verwendung der komplizierten Riten und Sandbilder bei den Navajos oder die Trancetänze der Buschmänner. Dies alles drückt den Versuch aus, das leidende

Einzelwesen mit der umgebenden Natur zu verbinden und es durch diesen Kontakt gesunden zu lassen" (Schmidbauer, 1984).

Den Körper zu integrieren heißt, ihn als Teil der eigenen Innenwelt anzuerkennen und nicht nur als biologischen Organismus, als Teil der Außenwelt zu behandeln. Unsere Geringschätzung der Ganzheit von Körper und Seele, Mensch, Natur und Kosmos ist eng verknüpft mit der Geringschätzung des Gefühls in unserer Kultur.

Der Körper als Innenwelt tut sich eben auf eine völlig andere Weise kund als der Körper als Funktionssystem, das wir auf seine sichtbaren Merkmale und seine Leistungsfähigkeit hin befragen können.

Die gute Botschaft ist die, daß Sie selbst aktiven Einfluß nehmen können auf Ihren Körper, auf Ihre gesamte Innenwelt, auf den Prozeß von Gesundung und Heilung, nicht zuletzt durch die Macht Ihrer Phantasie, wenn Sie sich auf die innere Weisheit Ihres Körpers verlassen.

Im Inneren das Äußere erblicken

Fühlen wir uns krank, sind wir es gewohnt, zu unserem Hausarzt zu gehen. Kann uns dieser nicht, wie gewünscht, helfen, schickt er uns zu einem Spezialisten für die jeweilige Form der Erkrankung. Deren gibt es viele: den Herzspezialisten, den Orthopäden, den Lungenspezialisten, den Arzt für Erkrankungen der Haut. Überlegen Sie ruhig einmal, wie viele Ihnen sonst noch einfallen. Diese Ärzte haben sich Erfahrung und ein Fachwissen erworben, das sie dazu befähigt, auf diesem speziellen Gebiet, nämlich „ihrem Organ", wahre Könner zu sein.

Die Medizin ist auf dem besten Wege, sich ständig weiter zu spezialisieren zum Vorteil und zum Nachteil des Menschen. Sie wird immer differenziertere Aspekte des Menschen zu betrachten wissen. Letztlich verliert sie jedoch seine Einmaligkeit, seine Komplexität, seine Ganzheit völlig aus den Augen. Die Fragen, welche Bedeutung Schmerzen wohl haben können, auf welche Störungen sie im komplexen Leib-Seele-Geschehen hinweisen und auch welche Chancen sie uns eröffnen können, werden bei dieser einseitigen Betrachtungsweise der Medizin erst gar nicht gestellt.

Peseschkian (1991) beschreibt diese medizinische Sichtweise auf sehr schöne Weise so: „Es ist so, als würde das Symptom, das Krankheitszeichen, mit einem hellen Scheinwerfer angestrahlt. Nur das Symptom wird als Figur sichtbar, sein Hintergrund verschwindet im Dunkel der Nacht. Das Symptom übt damit eine ungeheure Faszination aus, während die verbleibenden Fähigkeiten, das Umfeld des Symptoms, unsichtbar bleiben wie Ameisen auf einem schwarzen Stein."

Stellen Sie sich doch bitte einmal folgende Fragen: Ist bei einem Menschen, der häufig unter Kopfschmerzen leidet, tatsächlich nur der Kopf krank? Ist bei einem Menschen, der in seinem Leben geradezu jeden Grippevirus magisch anzieht, nur das Immunsystem defekt? Hat ein Mensch, dem häufig Unfälle zustoßen nur mehr Pech als andere?

Ich jedenfalls glaube das nicht. Vielleicht wissen Sie ja von sich selbst, daß bei Aufregung, Angst und Streß vorzugsweise ihr Magen rebelliert oder sich die Rückenmuskulatur anspannt, so daß dort Schmerzen ihren Einzug halten. Bei anderen Menschen reagiert die Haut in Form von Jucken und Ausschlägen. So nehmen wir es jedenfalls wahr. Letztlich sind aber wir es selbst, die Magen und Rückenmuskulatur bis zum Krampfen hin verspannen.

Ich denke, wir Menschen haben alle unsere starken und unsere schwachen Seiten. Körper und Seele wählen sich – in ihrer geheimen Intelligenz – immer wieder einmal unsere schwächste Seite aus. Sie tun dies, da sie hier die beste Chance wittern, auf sich genügend aufmerksam zu machen. Sie wollen uns auf nachdrückliche Art darauf hinweisen, daß sie leiden und sie nicht länger gewillt sind, dies noch länger mitzumachen.

Worunter können Körper und Seele leiden?

Das kann in unserer Lebensweise, unseren Einstellungen liegen, unserer Art, wie wir es gelernt haben, Erlebnisse zu verarbeiten. Das kann damit verbunden sein, wie sehr wir in unserer

Arbeit Befriedigung finden oder auch nicht. Das kann darin begründet sein, ob wir für uns selbst, für unseren Lebensgefährten und für unsere Mitmenschen ausreichend Liebe empfinden und empfangen können oder eben nicht.

Dieses und noch vieles mehr, eigentlich alles, was Sie erlebt haben und aktuell erleben, wirkt sich nicht nur auf Ihre Seele, sondern auch auf jedes einzelne Ihrer Körperorgane aus, über die Sie auf die Einwirkungen Ihrer Außenwelt reagieren.

Stellen Sie sich doch bitte noch einmal die Frage, ob wirklich nur ein bestimmtes Körperorgan erkrankt ist, das der Arzt – in seiner Funktion als Körperspezialist – dann „reparieren" soll. Das gleiche gilt natürlich auch für den Psychologen als „Seelenspezialist", der die Seele reparieren soll. Deshalb heißt er ja im Volksmund auch „Seelenklempner".

Unterschiede in der Betrachtungsweise kann ich hier nur insofern ausmachen, als die Erkenntnisse der wissenschaftlichen Psychologie im Verhältnis zur Medizin vergleichsweise als „jung" anzusehen sind und daher in ihren verschiedenen psychotherapeutischen Konzepten der Öffentlichkeit aber auch der Fachwelt oft als noch unausgereift erscheinen mögen. Dies hatte nicht nur eine Dominanz der Ärzte, als „Körperbehandler", zur Folge sondern führte auch dazu, daß der Betrachtung des Körpers als „Maschine" Vorschub geleistet wurde.

Noch heute sind ja die meisten Menschen froh und dankbar, wenn der Arzt eine körperliche Erkrankung attestiert. Dann wissen wir, Gott sei Dank, daß nur unserem Körper etwas fehlt, was durch Medikamente oder durch ähnliche Prozeduren wieder behoben werden kann und daß wir an unserem Lebensstil nichts zu ändern brauchen.

Es befällt viele Menschen immer noch mit Angst und Schrecken, wenn sie sich, über das Symptom hinaus, auf eine Suche machen sollen nach dem Sinn der Erkrankung, nach einem Plan für neue Lösungsmöglichkeiten.

Ein guter Schritt dahin kann der Beginn einer Psychotherapie sein, die ja nicht nur kranken Menschen Vorteile einbringt, sondern selbstverständlich auch „gesunden".

Jeder von uns ist eben mehr als nur eine Maschine. Jeder von uns ist ein ganzheitlicher Organismus, der seismographisch auf jede noch so feine Veränderung der Außenwelt, nämlich durch Körper *und* Psyche, reagiert.

Unter der „Außenwelt“ meine ich zum Beispiel: Veränderungen im Arbeitsleben, vergangene und gegenwärtige Beziehungen, die „Tradition“ des Elternhauses, die Fähigkeit und der Wille, Gefühle wahrzunehmen und auszudrücken.

Warum ein bestimmter Mensch bei ungünstigen Außenweltbedingungen, zum Beispiel bei dem Verlust des Partners, des Arbeitsplatzes oder der Heimat depressiv wird, der andere zum Alkohol greift, der dritte Verbrechen begeht und der vierte eine chronische Darmerkrankung erwirbt, ist wissenschaftlich noch völlig ungeklärt.

Um das Thema der Vererbung von Krankheiten kurz zu streifen: Genauso ungeklärt ist, warum ein Kind die Migräne der Mutter erbt, die diese wieder von ihrer Großmutter „übernimmt“, die Migräne also schon zur Tradition wurde, während zum Beispiel die Schwester des betreffenden Kindes keine Probleme mit diesem Leiden hat.

Sie sehen: In unserer so modernen, informationsgesättigten Zeit wissen wir über das Wechselspiel von Gesundheit und Krankheit, bei Licht betrachtet, eigentlich noch sehr, sehr wenig. „Außen“ und „innen“ werden strikt getrennt.

Weil dies so ist, beschränke ich mich in den Inhalten meiner Angebote (Phantasiereisen, Vorstellungsübungen, Fragen und Wünsche) eben nicht nur auf das Innere Ihres Körpers und darauf, wie Sie besser mit seinen Störungen „leben“ können, sondern beziehe damit auch immer zugleich das „Äußere“ mit ein.

Das Äußere ist die Welt, in der Sie leben und die Art und Weise, wie Sie sie erleben.

Vielleicht kann der Regenbogen, die Schönheit und Farbigkeit, mit der Sie Ihre innere Welt erleben können, irgendwann einmal die Brücke schlagen zu dem Regenbogen der äußeren Welt. Doch auch dies wäre wiederum nur ein Teil des Ganzen.

Von außen nach innen schauen

Die Welt wirkt auf uns ein, genau wie jeder von uns auf die Welt einwirkt.

Fühlen wir uns wohl in unserer Partnerschaft, in unserer Gemeinschaft, stimmen wir mit uns überein, fühlen wir uns zumeist auch körperlich gut.

Jede vermeintliche Niederlage, jede Kränkung, jede Verletzung hinterläßt jedoch auch in unserem Körper Spuren.

Stimmt ein Mensch schon längere Zeit nicht mit sich überein, sei es, daß er einen schmerzlichen Verlust erlitten hat oder sich in einer Sinnkrise befindet, bleibt dies nicht ohne körperliche Auswirkungen.

Jeder Mensch weiß um mindestens eines seiner Organe, über das er reagiert, wenn etwas schief läuft. Bei dem einen ist es die Haut, die juckt, bei dem anderen ist es der Darm, der reagiert, bei einem dritten stellen sich muskuläre Verspannungen und damit Schmerzen ein.

Weil dies so ist, beziehen sich die Phantasiereisen und Vorstellungsübungen, die Sie im zweiten Kapitel dieses Buches vorfinden wie oben bereits ausgeführt, eben nicht nur auf den Körper oder haben lediglich ein einzelnes Organ im Blick, sondern wollen immer auch das zwischenmenschliche Klima, die Umgebung und Atmosphäre, folglich möglichst viele Umstände mitbeachten, von denen Ihr Körper umgeben ist.

Das betrifft natürlich Partnerschaft, Familie und Freundeskreis aber auch Ihre Arbeit oder Arbeitslosigkeit sowie auch die Versenkung in Interessen und Hobbys.

Denn ist es nicht so, daß sich im Außen lediglich das Innere spiegelt?

Bitte fragen Sie sich, ob Sie möglicherweise Ihre Aufmerksamkeit überwiegend auf die Welt da draußen richten und innerseelische Prozesse nur selten in Ihr Blickfeld geraten?

Wenn dies so sein sollte, bestünde die Möglichkeit, daß Sie sich selbst und Ihr ganz persönliches Wohlbefinden nur wenig im Auge haben.

Dies ein wenig zu ändern ist jedoch ein wesentliches Anliegen dieses Buches.

Es möchte Sie nämlich dazu ermuntern, immer wieder nach innen zu schauen, sich immer wieder, natürlich auf eine freundliche und gewährende Art, einzulassen auf Vorgänge, die sich in Ihrem Innenreich, der Gesamtheit Ihres Körpers und Ihrer Seele ereignen.

Körperbilder

Zur Einstimmung möchte ich Ihnen gerne anschaulich machen, wie sich die Themen von Gesundheit und Krankheit in Sprachbildern und Volksweisheiten widerspiegeln. Ich möchte Ihnen im Anhang I „Körperbilder" vor Augen führen und Ihnen damit zeigen welch große Fülle sich davon im deutschen Sprachraum finden läßt. Man kann diese Körperbilder und Volksweisheiten auch als Organsprache bezeichnen, wobei sich diese natürlich von Region zu Region unterscheidet.

Diese Bilder drücken oft sehr plastisch verschiedene Beziehungen zwischen Gefühlen, Situationen und körperlichen Reaktionen aus.

Möglicherweise sind sie zu Zeiten entwickelt worden und in das Sprachgut eingeflossen, als wir Menschen noch eine unmittelbare Beziehung zur Einheit von Körper und Seele empfinden konnten.

Und doch bin ich weit davon entfernt, Ihnen eine halbwegs vollständige Sammlung präsentieren zu können. Beinahe täglich fallen mir, meist zufällig, mehr und mehr davon ein. Vielleicht geht es Ihnen auch so. Es macht Spaß, sie zu sammeln und oft geben Sie eindeutige oder auch versteckte Hinweise auf die Bedeutung von Erkrankungen.

Von der Phantasie

Das Feuerwerk der Seele

„Die Vorstellungskraft ist der Anfang der Schöpfung. Man stellt sich vor, was man will, man will, was man sich vorstellt und am Ende erschafft man sich, was man will" (G. B. Shaw).

Phantasien, innere Bilder sind die ständigen Begleiter Ihres Lebens. Auch, wenn Sie meinen, Sie denken, werden Sie bei näherer Prüfung feststellen, daß dies überwiegend in Bildern geschieht. Wenn Sie sprechen, werden Sie feststellen, wie oft Sie sich einer Bildersprache bedienen. Hören Sie einem anderen Menschen zu, wird Ihnen sicher auffallen, wie dieser Ihnen einen Sachverhalt erklären will und ihm dies am besten durch die Benutzung eines Bildes gelingt.

Sogar in einer spröden Nachrichtensendung von fünfzehn Minuten Dauer verwendet der Sprecher in seinem Text eine Fülle von Bildern und ist sich sicherlich gar nicht einmal klar darüber. (In der Tagesschau der ARD im Schnitt zwischen zwanzig und dreißig; ich habe längere Zeit mitgezählt.)

Dringt ein bestimmter Geruch in Ihr Bewußtsein (vielleicht der von Bratäpfeln und Tannennadeln) stellt sich da in Ihnen nicht oft ein Bild aus Ihrer Kinderzeit ein? Vielen Menschen geht es so.

Sie spüren: Wir leben in Bildern. Innere Bilder sind immer und überall dabei. Wir tragen sie mit, an jeden Ort, an dem wir ankommen, zu jeder Zeit, in der wir uns befinden. Gehen wir mit unserer Phantasie in die Vergangenheit, so stellen sich mit Sicherheit genauso zuverlässig innere Bilder ein, als wenn wir in die Zukunft schauen. Nur in der Gegenwart gucken wir lediglich mit unseren äußeren Augen in die Welt. Doch gibt es diese Gegenwart eigentlich, da uns jetzt ja schon wieder die Vergangenheit eingeholt hat?

Innere Bilder sind also auch Zeitbrücken zwischen Vergangenheit und Zukunft.

Erlebnisse früherer Zeiten verblassen in der Gegenwart und werden neu belebt und umgedeutet durch Nacht- und Wachträume. So wirkt die Phantasie für uns Menschen auch als Schutzfunktion. Wir können schlimme Erlebnisse der Vergangenheit besser ertragen, wenn wir sie uns in Ruhe noch einmal vor Augen führen. Die Vergangenheit wird so durch die Erinnerung verklärt.

Es kann jedoch auch anders sein: Traumatische Erlebnisse der Vergangenheit tauchen immer wieder in unseren Träumen auf. Sie können zu Alpträumen werden und unsere Gefühle, unser Handeln, geradezu blockieren, selbst dann, wenn wir schon lange wieder wach sind.

Etwas vereinfacht ausgedrückt, liegt das daran, daß diese Ereignisse noch nicht erwachsenengerecht von unserer Phantasie „bearbeitet" worden sind. Sie führen in unserer Seele ihr Eigenleben und tauchen unvermutet als „Gespenster der Vergangenheit" immer wieder auf. Ist dies so, sind sie noch nicht eingebunden und verschmolzen in unserer Ganzheit von Körper und Seele.

Manche Menschen gehen sogar so weit, sich zu fragen, was denn nun eigentlich die Realität sei, die Außenwelt, die wir durch unsere fünf Sinne erfahren oder doch die Welt der Träume, die wir durch unser inneres Auge erblicken.

Eine alte chinesische Weisheit spricht so zu uns: „Ich wußte nicht, ob ich Chi Lai war, der geträumt hatte, ein Schmetterling zu sein oder ob ich ein Schmetterling war, der träumte, er wäre Chi lai."

Jedenfalls bestimmt auch die Art und Weise, wie wir mit unserer Phantasie umgehen, ob wir zuversichtlich oder ängstlich auf ein bestimmtes Ereignis reagieren. Sie kann uns blockieren und handlungsunfähig machen. Sie kann unser Leben beflügeln, genuß- und erlebnisreich machen.

Kant drückte die Doppelbödigkeit der Auswirkung von Phantasieprozessen auf den Menschen folgendermaßen aus: „Phantasie ist unser guter Genius oder unser Dämon."

Dem Künstler ist sie das tägliche Brot. Ohne die Phantasie wird unter seinen Händen nichts entstehen können. Der Wissenschaftler erfährt durch ein Traumbild die Lösung seines Problems, über das er jahrelang gebrütet hat. Der Theologe legt den

Bibeltext durch Bilder aus. Der Archäologe macht sich auf der Grundlage nur weniger Funde ein Bild vom Ganzen. „Phantasie kann mehr bewirken als alle Macht und Wissenschaft." So sagte es Aristoteles. „Was wäre der Mensch ohne Phantasie? Nichts", meint Lichtenberg.

Durch den Gebrauch der Phantasie kann es gelingen, lange verborgenes und doch vorhandenes Wissen zu nutzen und sich selbst zu helfen. Denn der Wissenschaftler, dem auf einmal die Lösung seines Problems im Traum einfiel, trug dessen Lösung natürlich längst in sich. Er hatte nur noch nicht den richtigen Schlüssel dazu gefunden. Sein Unbewußtes arbeitete lange im verborgenen daran. Als die rechte Zeit gekommen war, drückte sein Unbewußtes die Lösung symbolisch und damit in einem inneren Bild aus. Im Sprachgebrauch nennt man einen solchen Vorgang Intuition. Intuitive Prozesse geschehen übrigens häufig, wenn man dem Unbewußten keinen Druck auferlegt.

Einstein sagte dazu: „Phantasie ist wichtiger als alles Wissen."

Damit meint er wahrscheinlich, daß das Phantasieren ein schöpferischer Akt ist. Es ist die treibende Kraft, eigene Ziele zu entwickeln, neue Perspektiven für unser Leben zu entwerfen und ein gesundes Selbstwertgefühl für sich zu empfinden. Es hilft Ihnen dabei in Ihrem Leben, neue, bisher ungeahnte Wege zu beschreiten. Das sind in der Phantasie zumeist nicht die Autobahnen und ausgetretenen Wege, sondern eher unbeachtete verschlungene Pfade mit Sackgassen und Hindernissen.

Sie können in Ihrer Phantasie alles beliebig häufig durchspielen, was in Ihrem realen Leben noch nicht dafür angelegt ist, Realität zu werden.

Dabei ist die Phantasie eine Macht, die Ihnen immer und an jedem Ort und ganz kostenlos zur Verfügung steht. Anstatt nur auf Ereignisse zu reagieren, können Sie durch Ihre Phantasie neue Erfahrungen schaffen.

Ist es Ihnen nicht auch schon einmal so gegangen, daß Sie unbedingt etwas Bestimmtes erreichen wollten? Je stärker Sie dieses Ziel anstrebten und je mehr Willenskraft Sie dafür investierten, desto weniger erzielten Sie das gewünschte Ergebnis.

Wenn Wille und Phantasie sich im Streit befinden, gewinnt doch meist die Phantasie. Der Glaube an sie kann buchstäblich Berge versetzen.

Wenn ich mich in meinem Bekanntenkreis umschaue, könnte ich meinen, einerseits ausgesprochene Glückspilze vorzufinden, Menschen, denen fast alles zu gelingen scheint, was sie in die Hand nehmen.

Im Gegensatz dazu kenne ich Menschen, denen geradezu das Pech an den Füßen klebt.

Ich glaube eher, daß hier nicht ein blindes Schicksal waltet, sondern auch die Art und das Ausmaß ihrer Phantasietätigkeit Menschen dazu verhilft, zu gewinnen oder aber zu scheitern. Die Glücklichen haben nicht nur das Schloß, sondern auch den passenden Schlüssel gefunden, mit dem sie Einlaß finden.

Auch dieses Buch möchte Ihnen Wege aufzeigen und Schlüssel an die Hand geben, wie Sie Ihre Phantasie zur Erhaltung oder Wiederherstellung Ihrer Gesundheit heranziehen können.

Denn Sie können in Ihrer Phantasie sehr viel mehr sehen als in der „Zwei-Augen Wirklichkeit".

Sie können durch dicke Mauern hindurchschauen. Sie können sich wie Alice im Wunderland beliebig oft wachsen und schrumpfen sehen. Sie können mit längst verstorbenen Menschen sprechen, wenn Sie sie vor ihren geistigen Augen buchstäblich auferstehen lassen. Sie können sich in Ihrer Phantasie eigentlich alles erleben lassen, vorausgesetzt, Sie geben sich die Erlaubnis dazu. Phantasien sind nie bestraft worden. Alles ist in der Phantasie erlaubt. Nichts ist verboten, vorausgesetzt, Sie selbst setzen sich keine Verbote.

Sie haben ein Bild von der Welt; die Welt, andere Menschen entwerfen ein Bild von Ihnen. Innere Bilder sind Komplexe, das heißt stark verdichtete Bilder von Meinungen, Erfahrungen und Erlebnissen der Außenwelt. Sie tragen sie als Gepäck überall mit sich, wo immer Sie sich auch hinwenden mögen, ob in die Einsamkeit einer Wüste, der tiefen Stille eines dichten Waldes oder mitten in das Getriebe einer Großstadt.

Innenbilder bilden das Gerüst, die Struktur der Psyche. Sie

sind so etwas wie die Heimatsprache der Seele. Aus der Phantasie heraus erwächst die Welt und die Welt spiegelt sich in den inneren Bildern. Ihre inneren Begleiter sind die Gefühle, die sich in Bildern ausdrücken. Gefühle erst geben eine Richtung vor. Alles dies zusammengenommen läßt uns handeln oder Handlungen verhindern.

Sie können durch die Tätigkeit Ihrer Phantasie ganz gezielt und systematisch Einfluß nehmen auf nahezu alle körpereigenen Prozesse, überdies auf Krankheitsprophylaxe sowie auf die Nachsorge von Krankheiten.

Viele wissenschaftliche Untersuchungen zeigen, daß Vorstellungsbilder eine direkte Wirkung auf den Körper ausüben. Sie liefern Botschaften, die das Immunsystem, die Skelettmuskulatur sowie die Nervensysteme verstehen und dementsprechend auch umsetzen können.

Nach Samuels/Bennett (1978) können folgende körperlichen Vorgänge durch das Erleben geeigneter innerer Bilder beeinflußt werden:

- die Vernichtung von Bakterien und Viren,
- die Bildung neuer Zellen, um beschädigte zu ersetzen,
- die Glättung rauher Flächen,
- die Kühlung heißer Körperregionen,
- die Heilung wunder Stellen,
- die Entspannung verkrampfter Körperregionen,
- das Abklingen von Schwellungen,
- die Druckfreisetzung in angespannten Körpergegenden,
- die Blutversorgung von Körperpartien, die Nährstoffe benötigen oder die gereinigt werden sollen,
- die Befeuchtung trockener Körperregionen (und umgekehrt),
- die Versorgung ermüdeter Körperregionen mit Energie.

Diese Aufzählung für sich mutet schon beeindruckend an. Möglicherweise ist sie jedoch nur die Spitze eines Eisbergs.

Die Psychoneuroimmunologie, eine Wissenschaft, die sich unter anderem mit der Erforschung der Auswirkung innerer Bilder auf das Immunsystem und anderer Körpersysteme beschäftigt, ist jung, ihr Methodenrepertoire dementsprechend noch sehr begrenzt.

Bekanntgeworden sind einer breiteren Öffentlichkeit auch Berichte über sogenannte Spontanremissionen, bei denen die Symptomatiken schwerer Erkrankungen ohne erkennbare äußere Einflüsse innerhalb kurzer Zeit von selbst „verschwanden".

Wenn Sie dieses Thema weiter vertiefen möchten, empfehle ich Ihnen die Bücher von Cousins (1984) und Achterberg (1985) zur Lektüre.

Auch hier ist es gut möglich, daß Phantasieprozesse eine tragende Rolle spielen.

Dies ist um so mehr zu vermuten, da, wie oben bereits dargestellt wurde, sich innere Bilder nicht nur auf körpereigene Vorgänge, sondern auf den ganzen Menschen auswirken: auf seine Einstellungen, seine Ziele und Werthaltungen. Auch die Art und das Ausmaß der Konfliktbewältigung, seiner Liebes- und Genußfähigkeit werden durch Phantasieprozesse mitbestimmt.

Durch unsere Phantasie kann nicht zuletzt auch Frieden in uns einkehren, weil sie eine Brücke bildet zwischen der Welt, in der wir leben und der Welt, die in uns lebt.

Sie stiftet Einheit zwischen widerstrebenden Anteilen in uns und kann uns innerlich um so mehr bereichern und beschenken, wenn wir an äußerlichen Mängeln leiden. So sorgt sie für Frieden, Ausgleich und Bindung zum Leben. Denn: „Ohne inneren Frieden ist kein Frieden in der Welt möglich" (Dalai-Lama).

Das Reisen in der Phantasie

Reisen in der Phantasie sind Reisen in Ihre Innenwelt. Sie bauen innere Landschaften auf und erforschen sie. Diese Art des Reisens unterscheidet sich im Grunde kaum von der Erkundung einer äußeren Landschaft.

Die Unterschiede liegen in der Aufhebung von Zeit und Raum in der Phantasie. Dort haben Sie mehr als zwei Augen, der Blickwinkel ist ein anderer. Sie können mehr und anderes erkennen.

Sie können sogar hinter sich schauen, da Sie in Ihrer Phantasie über eine 360 Grad Perspektive verfügen.

Auch die Zeit werden Sie anders erleben als sonst. Es ist fast so, als ob die Zeit in sich selbst ruht und sich dabei aufhebt. Sie wird langsamer.

Das liegt auch darin begründet, daß das Reisen in der Phantasie eine Reise zu Fuß ist, während wir, in unserer Außenwelt, mittlerweile daran gewöhnt sind, die Landschaft von einem Auto aus vorüberfliegen zu sehen und dadurch keinen Haltepunkt mehr für unsere Augen haben. Im Flugzeug haben wir dann gar keinen Sinn mehr für Geschwindigkeit.

Unsere seelische Verarbeitungskapazität ist einfach auf Fußreisen angelegt.

Ist dieses Reisen auf den eigenen Füßen nicht die natürlichste Art, sich in der Welt zu bewegen? Sind die Menschen nicht jahrtausendelang auf ihren zwei Beinen auch dorthin gekommen, wo sie hin wollten? Natürlich: Pferd, Esel und Kamel haben uns immer schon getragen. Auch das Fahrrad kann als natürliche Fortbewegungsart angesehen werden, da wir es durch unsere eigene Muskelkraft vorwärts bewegen.

In der Phantasie wollen die äußere und die innere Landschaft, nämlich Ihr Körper und Ihre Seele, jedenfalls zu Fuß begangen werden.

Bei dieser Art zu reisen können wir ganz bequem nach links, nach rechts, nach oben und unten, nach hinten und nach vorne schauen und spüren, wie sich die Landschaft um uns herum mit jedem Schritt ein wenig verändert. Wir können Pausen und

Bekanntschaften machen, uns erholen und neue Erfahrungen erleben, wobei die Haltepunkte fast noch wichtiger sind als die Worte, von denen Sie sich später bitte berühren lassen.

Selbst ein weiter Weg fängt ja bekanntlich mit dem ersten Schritt an. Der erste Schritt besteht darin, Schwellen zu überschreiten. Die erste Schwelle besteht darin, sich zu erlauben, die Augen zu schließen (die meisten Menschen können mit geschlossenen Augen besser Phantasieren. Es ist jedoch auch ohne Augenlidschluß möglich) und sich so auf die inneren Bilder einzulassen.

Ist dieser erste Schritt getan, können weitere folgen.

Die nächste Schwelle besteht in Ihrer Bereitschaft, sich auf Ihre innere Bildwelt einzulassen. Es kann sein, daß unbewußte Ängste Sie daran hindern, sich auch wirklich auf ein inneres Bild zu konzentrieren, nämlich es in aller Ruhe und Beschaulichkeit auf sich einwirken zu lassen.

Bei einer verspannten Körperhaltung wird dies nur schwerlich möglich sein.

Daher bitte ich Sie darum, sich zunächst auf eine Art und Weise zu entspannen, mit der Sie gute Erfahrungen gemacht haben. Anregungen dazu finden Sie in den Anhängen IV bis VI.

Doch auch dann kann es sein, daß sich nur flüchtige, vage Farben oder Bilder einstellen. Manche Menschen sehen zunächst nur Schwärze vor ihren Augen.

Auch dies ist eine besondere Form des Widerstands, der Ihnen zunächst nur eingeschränkt ermöglicht, Ihrer inneren Bildwelt zu begegnen.

Ich möchte Sie darum bitten, diesen Widerstand nicht „brechen" zu wollen. Dies hilft nicht weiter.

Sie tun besser daran, sich zunächst einmal angenehme Erlebnisse der Vergangenheit vor Augen zu führen, so, wie Sie vielleicht gerne schon mal Fotos aus dem letzten Urlaub betrachten. Übungen zum Training Ihrer Vorstellungsfähigkeit finden Sie in den Anhängen II und III.

Mit der Zeit vermischen sich diese Bilder der Erinnerung mit neuen Bildern, die tieferen seelischen Schichten entspringen.

Wenn Sie sich dann irgendwann als ganze Person im Bild erleben, dort sehen, fühlen, hören, riechen, schmecken können, haben Sie die letzte Schwelle überschritten.

Sie sind dann endlich angekommen in Ihrem Bilderraum und können dort, auf hoffentlich sehr angenehme Art, Reisen in Ihrer Phantasie unternehmen.

Diese Art, innere Bilder zu erleben, nennt man: Imaginieren.

Die Imagination unterscheidet sich von der Phantasie dadurch, daß Sie sich als handelnde Person auf der Bildebene bewegen können. Erst durch diese inneren Handlungen können sich die Bilder wandeln. Erst diese Wandlung bewirkt, daß die Bilder Veränderungen nach sich ziehen können. Sie machen die Seele und damit gleichzeitig den Körper sozusagen „flüssig". Es kann so einfach vieles besser fließen und sich entwickeln. Vor allem diese inneren Bilder sind es, die in uns einen Veränderungsprozeß in vielfacher Hinsicht auslösen können. Sie können uns im wahrsten Sinne des Wortes „heil machen".

Dabei ist es unerheblich, ob Sie sich bei diesen Reisen in Ihrem Körper fühlen oder nicht. Sie können die Innenräume Ihres Körpers ähnlich erleben wie die vielfältigen Landschaften der Seele.

Denn Körper und Seele sind eins, unentflechtbar miteinander und ineinander verbunden und verwoben. Daher ist eine Reise durch den Körper immer auch eine Reise in die Seele und eine Reise in die Seele auch immer eine Reise durch die äußere, Sie umgebende Welt. Alles dies ist immer eins. Alles dies ist natürlich nichts anderes als Sie ganz persönlich.

Sie können sich im Dschungel befinden und sind gleichzeitig in Ihrem Magen. Ihre Seele weiß natürlich, daß Sie sich auch im Dschungel Ihres Magens befinden.

Überdies sitzen oder liegen Sie ja noch in Ihrem Zimmer und träumen gleichzeitig davon, daß Sie im Dschungel und in Ihrem Magen sind. Dies ermöglicht nur Ihre Phantasie. Sie allein überwindet sonst unüberwindliche Grenzen von Raum und Zeit. Allein schon deshalb ist sie für uns Menschen unentbehrlich, unverzichtbar, wenn wir auf Veränderungen aus sind und uns selbst ein wenig näher kommen wollen.

Symbolisch gesehen bedeutet das Reisen in der Phantasie einen Übergang von einer Lebensstufe zur nächsten. Vielleicht kennen Sie Mythen und Sagen, in denen ein Held eine Reise antritt, auf ihr verschiedene Mutproben und Gefahren besteht, dafür reich belohnt und beschenkt wird und als ein anderer, durch den Aufenthalt in der Fremde geläutert und verwandelt, nach Hause zurückkehrt. „Die Reisen des Odysseus" können als Paradebeispiel dafür dienen.

So betrachtet, kann das ganze Leben als eine einzige Irrfahrt und Suche angesehen werden.

- Wer bin ich? Was fehlt mir?
- Was will ich eigentlich auf dieser Erde?
- Was macht Sinn?
- Worin besteht meine Aufgabe?
- Wozu bin ich geboren worden?
- Warum muß ich sterben?
- Warum hat ausgerechnet mich diese schwere Krankheit befallen und nicht einen anderen Menschen?
- Worin besteht ihr Sinn?
- Auf welche Art und Weise kann ich ihn suchen und finden?

Alles dies sind Fragen, die sich viele Menschen oftmals stellen. Manche finden passende Antworten, manche nicht, ihr Leben lang.

Phantasiereisen sind eine hervorragende Möglichkeit, sich diesen Lebensfragen auf eine behutsame Art und Weise zu nähern.

Innere Bilder entstammen wahrscheinlich, wie oben bereits beschrieben wurde, unserer rechten „weiblichen" Gehirnhälfte und können somit als eine natürliche Ergänzung oder auch Korrektur zur rationalen linken „männlichen" Gehirnhälfte angesehen werden. Sie führen uns viel tiefer, als dies Worte vermögen, an unsere Gefühle heran. Außerdem lassen sie uns einen Schritt zurücktreten in das Kind in uns, in das Naive, in die Welt der Märchen.

Die meisten Menschen erleben Phantasiereisen als einen großen Schritt, als eine Brücke in die Vergangenheit. Sie fühlen sich jünger als sie jetzt sind.

Darin liegt aber auch eine Gefahr. Sind Sie als Kind beschützt und liebevoll aufgewachsen, werden Sie mit ihrer Phantasie gerne wieder in Ihrer Kindheit und Jugend ankommen und sie mit Freude begrüßen.

Erlebten Sie Ihre Kindheit, Ihre damaligen Bezugspersonen jedoch als kalt und die Welt um Sie herum als sorgenvoll und ohne Heimat, können diese „alten" Bilder und Gefühle wieder in Ihnen aufsteigen und Sie ergreifen. Das kann zu neuem Kummer, Ängsten und körperlichen Mißempfindungen führen. Sie sollten in diesem Fall – jedenfalls zunächst – Abstand nehmen oder aber diese Phantasiereisen nur mit psychotherapeutischer Begleitung unternehmen.

Um eines möchte ich Sie noch bitten: Betrachten Sie diese besonderen Reisen nicht als Aufenthalte in schönen Welten, in denen Milch und Honig fließen. Sie sind nicht dazu angelegt, die Welt zu flüchten, weil diese nicht so ist wie wir es gerne hätten und wie wir uns sie in unserer Phantasie ausmalen können.

Es sind Erkundungen unbekannter seelischer Landschaften, in denen Sie Erfahrungen machen, die Sie in ihrem Alltag sinnvoll einsetzen können.

Durch das Phantasieren allein ist noch nichts bewirkt, noch nichts geschehen. Es ist die Vorstufe von Handlungen, denn nur durch Ihre Handlungen verändern Sie Ihre innere und äußere Realität.

Und noch eines: Haben Sie bitte keine Angst davor, Ihren Körper in Ihrer Phantasie zu betreten und zu erkunden. Natürlich besteht Ihr Körper aus Gewebe, Haut, Blut, Sekreten und Knochen.

In Ihrer Phantasie wird er sich jedoch zu einer Landschaft wandeln, in der Sie wandern können ähnlich wie in der Sie umgebenden Natur.

Ich wünsche Ihnen,
mit Sehnsucht und Neugier im Herzen unterwegs zu sein. Gönnen Sie sich Inseln der Ruhe und Genuß. Geben Sie sich bitte die Erlaubnis, alles das, was Ihnen auf Ihren Reisen begegnet, tief zu erleben und auch Neues, Ungewohntes anzunehmen und dankbar zu begrüßen.

Lassen Sie sich doch bitte in Ihrem ganzen Sein bereichern und beschenken, und geben Sie das von sich fort, was ein anderer vielleicht besser brauchen kann.

Es kann auch seinen guten Sinn machen, einen vertrauten Weg noch einmal zu gehen, in eigenen verwehten Spuren zu lesen, dort stehenzubleiben, wo schon einmal Stillstand war – um dann weiterzugehen zu neuen Ufern Ihrer Seele.

Vom Umgang mit inneren Bildern

Wie gesagt, ein Phantasieren, für sich allein genommen, bewirkt noch nichts. Es kann nur der erste Schritt zu der Bearbeitung von Kummer und Leid, von Schmerzen und körperlichen Mißempfindungen sein.

Ein nächster Schritt liegt in der Bearbeitung der inneren Bilder. Was ist damit gemeint?

In meiner psychotherapeutischen Praxis bitte ich meine ÜbungspartnerInnen darum, die Bilder Ihres Wachtraums zu beschreiben. In diesen Fällen bin ich der Begleiter, gewissermaßen der Hüter ihrer Bilder.

Ich bin so in der Lage, die assoziative Kette der beschriebenen Phantasiebilder – nach bestimmten Gesetzmäßigkeiten, auf die ich hier nicht näher eingehen möchte – zu begleiten, zu lenken, zu regulieren, damit die erlebte Geschichte auch zu einem guten Ende führt.

Außerdem habe ich die Möglichkeit, mit meinen ÜbungspartnerInnen nach der Beendigung des Wachtraums über die erlebten Bilder ein Gespräch zu führen.

Das kann ich in diesem Falle nicht. Sie sind mit dem Buch und Ihren Bildern allein.

Deswegen möchte ich Ihnen vorschlagen, sich jede Phantasiereise – laut – vorzulesen oder sich vorlesen zu lassen, wobei Sie bitte darauf achten mögen, genügend Pausen (im Text durch „..." gekennzeichnet) einzulegen.

Das Laut-Vorlesen birgt mehrere Vorteile. Sie können so den Text nicht nur lesen, sondern auch hören. Das fördert das Behalten, weil dadurch mehr als nur ein Sinneskanal angesprochen wird.

Ein weiterer Vorteil ist darin zu sehen, daß Ihre innere Aufmerksamkeit sich so intensiver auf den Text konzentriert. Sie werden weniger durch Ereignisse Ihrer Umwelt abgelenkt, weil Sie ja nicht nur auf Ihre Augen, sondern auch auf Ihre Ohren und Lippen achten müssen.

Außerdem erinnert diese Art des Lesens an kindliche Momente des „Vorgelesen-" oder „Geschichten-Erzählt-Bekommens" durch erwachsene Menschen. Das wiederum wird dem Märchencharakter einzelner Phantasiereisen gerechter als das bloße Lesen mit den Augen.

Sollten nicht alle Sinne ihr Recht bekommen, wo das Auge in unserer Kultur doch zu sehr und oft den Vorzug erhält?

Auch halte ich es für wichtig, vor allem dann, wenn Sie durch ein inneres Bild tief ergriffen sein sollten, mit einem Menschen Ihres Vertrauens darüber zu sprechen, ihm seine Inhalte zu offenbaren. Das schafft Erleichterung und hilft weiter.

Was schon einmal ausgesprochen ist, fällt zudem weniger dem Vergessen anheim.

Innere Bilder wirken nach, auch im Wachbewußtsein. Eine Bilderfolge ist nach ihrer Beendigung, nach dem Öffnen der Augenlider, seelisch noch nicht abgeschlossen. Sie hat nur vorläufig ein Ende gefunden und kann ein Eigenleben führen, das Sie bis weit in den Alltag und bis in Ihre Träume angenehm begleiten kann.

Im negativen Fall könnte es Ihnen schwerfallen, sich von diesen angstbesetzten Phantasien zu lösen.

Außerdem bitte ich meine ÜbungspartnerInnen darum, ein besonders intensiv erlebtes inneres Bild auf unterschiedliche Weise nachzuerleben und auszugestalten.

Sie können beispielsweise ein besonders intensiv erlebtes inneres Bild:

- malen,
- zeichnen,
- in Ton modellieren,
- es tanzen,
- eine Geschichte dazu schreiben.

Ich möchte Ihnen vorschlagen, auch diese Anregungen aufzugreifen und ein besonders tief erlebtes und damit wertvolles Bild auf Ihre Weise „festzuhalten", damit es nicht verlorengeht und neue Bewegung, neue Lösung schafft.

Weiterhin bitte ich meine ÜbungspartnerInnen darum, im Wachtraum etwas zurückzulassen, es zu tauschen oder zu verschenken und dafür etwas anderes in den Alltag mitzubringen. Es geht hier um einen Austausch zwischen Geben und Nehmen, zwischen Loslassen und Festhalten.

Das ist im Märchen so wie im „richtigen Leben". Das Erhaltene, was auch immer es sein mag, kann dann gut bei Ihnen aufbewahrt und vielleicht auf Ihrem Lebensweg als Talisman oder als ein Symbol von Ihnen mitgenommen werden.

Als letztes bitte ich meine ÜbungspartnerInnen – nach der Beendigung des Wachtraums – darum, auf ihre Träume zu achten, vielleicht sogar ein „Traumtagebuch" zu führen.

Traumbilder, auch wenn Sie nur Fetzen davon erinnern können, sind mehr oder minder verschlüsselte Botschaften unseres Unbewußten, die uns an etwas erinnern, die uns auf etwas aufmerksam machen möchten, was wir im gleichförmigen Strom des Lebens oft aus den Augen verlieren. In der hebräischen Sprache ist das Wort „träumen" bedeutungsgleich mit „stark werden".

Mit etwas Übung können Sie sogar einen bedeutsamen Teil Ihres Nachttraums im Wachtraum zu Ende träumen.

Der große Vorteil dabei ist, daß Sie im Wachtraum wissen, daß Sie träumen und in die Traumbilder aktiv eingreifen können, wenn Angst und seelische Erschütterungen den Nachttraum zu einem Alptraum werden lassen.

Im Wachtraum können Sie jederzeit wieder die Augen öffnen und sich sehen lassen: Es ist ja nicht die Realität. Es ist doch nur ein Traum.

Meine Fragen an Sie

Wenn ich die Aufschrift in einer bekannten Kaufhauskette lese, „Iß was", werde ich das ganz bestimmt nicht tun. Ich möchte gebeten, ich möchte gefragt werden.

Vielleicht geht es Ihnen ähnlich.

Wenn ich gefragt werde, dann kann meine Antwort „Ja" oder „Nein" lauten, je nachdem. Wenn sie „Ja" lautet, dann weiß mein Gegenüber, woran er mit mir ist und ich habe mit mir eine innere Vereinbarung getroffen. Das gleiche gilt natürlich für ein „Nein".

Wenn es Menschen schwerfällt, sich von einer alten, liebgewordenen Gewohnheit zu trennen, auch dann, wenn sie genau wissen, daß ihnen diese längerfristig schadet, so gibt es doch immer wieder gute Gründe, dennoch daran festzuhalten. Das ist das Problem jeder Art von Sucht.

Ich werde oft von meinen PatientInnen gefragt, was ein bestimmtes Symptom, zum Beispiel ein Schmerz zu bedeuten hat.

Diese Menschen haben von Symbolen gehört, die für etwas anderes stehen sollen. Sie haben vielleicht von der „Organsprache" des Körpers gehört oder gelesen. Danach sollen MigränepatientInnen eine bestimmte Persönlichkeitsstruktur besitzen, die sich von PatientInnen, die beispielsweise über ihre Haut reagieren, unterscheiden.

Zahlreiche Untersuchungen haben immer wieder versucht, dies nachzuweisen.

Tatsache ist jedoch, daß dies so einfach nicht geht; leider oder Gott sei Dank, wie man es nimmt.

Natürlich tendieren Menschen, je nach genetischer Ausstattung und dem Erziehungsmilieu, in dem sie groß geworden sind, zu einem bestimmten Leiden oder zu familiär gehäuften Erkrankungen.

Doch ob ein Kind nach seiner Geburt das Leiden seiner Vorväter ereilt, ist noch lange nicht ausgemacht.

In einer Familiengeneration, in der sich Neurodermitis- oder AsthmapatientInnen häufen, wird es eben doch einige geben, die eben nicht unter dieser spezifischen Erkrankung leiden.

Warum diese Menschen nicht an dieser „Familienkrankheit" leiden, welchen eingebauten Schutz sie besitzen oder erworben haben, wissen wir nicht.

Wir werden es möglicherweise niemals wissen, weil die Bedingungen, unter denen Gesundheit oder Krankheit entstehen, einfach viel zu komplex und kaum vorhersagbar sind.

Jedenfalls bin ich mißtrauisch gegenüber Menschen, die es sich unbedingt in den Kopf gesetzt haben, die Anzahl Tausender von Farben, die die Natur zu bieten hat, auf einige wenige zu reduzieren.

Es gibt weitere gute Gründe, Ihnen Fragen zu stellen und keine Antworten zu präsentieren.

Erst einmal kenne ich Sie als LeserIn gar nicht. Sie sind anonym für mich. Ich weiß nichts über Sie. Sie dagegen kennen sich wohl am besten, auch dann, wenn Sie jeden Tag aufs neue von sich selbst überrascht sein sollten. Das wäre schön.

Ich stelle meinen ÜbungspartnerInnen – nach Beendigung einer Phantasiereise – jeweils Fragen. Die, meines Erachtens, wichtigsten Fragen sind wohl folgende:

- Wie fühlen Sie sich jetzt?
- Was haben Sie erlebt?
- Sind während des Erlebens einer oder mehrerer Bilder Ängste aufgetaucht?
- Gab es weitere Störungen oder Hindernisse?
- Konnten Sie meinen Vorschlägen folgen?
- Was war das bedeutsamste, intensivste Bild, das Sie erlebt haben?
- Erinnert Sie dieses Bild an ein bestimmtes Ereignis in Ihrem Leben?

- Welche Überschrift, welchen Titel würden Sie dieser Phantasiereise geben?

Befragen kann ich Sie auf diese Weise nicht, doch können Sie sich selbst befragen. Jede Frage hofft wohl auf Antworten, doch so manches Mal wird es beim Hoffen bleiben müssen. Antworten aus dem Innenreich lassen sich nicht erzwingen. Sie verweigern sich geradezu jedem „Muß".

Ich schlage Ihnen vor, Ihre erlebten inneren Bilder zunächst einmal in Ruhe zu belassen, sie gleichsam als inneres Geschenk anzunehmen, dieses aber noch nicht auszupacken. Vielleicht sind sie heute noch nicht dafür angelegt, ihren Inhalt, ihren Sinn zu offenbaren.

Zu einem späteren Zeitpunkt können diese Bilder gut und gerne von Ihnen neu befragt werden.

Dann können Sie womöglich das Geschenkpapier entfernen, den Inhalt in aller Ruhe drehen und wenden und ihn auch vielleicht dann annehmen, wenn er Ihnen nicht zusagen sollte.

Denn oft ist es ja die Angst vor unangenehmen Antworten, die uns Menschen daran hindert, einer bestimmten Frage wirklich in die Augen zu sehen.

Im zweiten Teil dieses Buches „Heilung durch die Macht der Phantasie" werde ich Ihnen Fragen stellen, die sich auf das jeweilige Thema, auf die Inhalte der von Ihnen erlebten Phantasiereisen sowie auf Ihre Einstellungen, Absichten und Wünsche beziehen.

Ich bitte Sie, diese Fragen für sich selbst zu beantworten.

Weiterhin ermuntere ich Sie dazu, sich selbst zu befragen. Dafür ist im jeweiligen Text Raum – und für Sie hoffentlich Zeit – ausgespart.

Raum und Zeit für innere Bilder ganz nach Ihrer Art

In den Texten der Phantasiereisen habe ich Ihnen schon vieles vorgegeben: Einiges mag gut zu Ihnen passen, anderes vielleicht noch nicht.

Nicht jeder Mensch ist es gewohnt, in seiner Phantasie zielgerichtet auf Reisen zu gehen, um auf diese Weise aktiven Einfluß auf Krankheit und Schmerzen zu nehmen. Ich denke, daß diese Vorgaben als Anregung sinnvoll für Sie sein können.

Ich vermute, daß Sie bei dem ersten Durchlesen dieses Buches auf viele ungewohnte und Ihnen möglicherweise seltsam anmutende Vorschläge treffen werden.

Wenn Sie die Übungen jedoch erst einmal ausprobiert haben, werden Sie vielleicht anders darüber denken.

Bei der dritten oder vierten Phantasiereise werden Sie die Bilder, die aus Ihren Innenräumen aufsteigen, möglicherweise schon als gute alte Bekannte begrüßen und ihnen hoffentlich Raum und Zeit für ihre Entfaltung geben.

So ist es jedenfalls vielen meiner ÜbungspartnerInnen ergangen, die mich zunächst mit großen Augen ansahen, als ich ihnen beispielsweise vorschlug, ihren schmerzenden Magen mit einer goldenen Tapete zu verkleiden oder ihre vereiterten Nebenhöhlen zu entrümpeln und zu säubern.

Zu einem späteren Zeitpunkt hat dann die vorwärtsdrängende Kraft des Unbewußten diesen ÜbungspartnerInnen ganz eigene innere Bilder bereitgestellt, über die ich mich dann – im positiven Sinne – nur wundern konnte.

Das gleiche Vorgehen möchte ich auch Ihnen vorschlagen.

In „Raum und Zeit für innere Bilder ganz nach Ihrer Art" möchte ich Ihnen die Gelegenheit geben, Ihre eigenen, ganz persönlichen inneren Bilder zu dem jeweiligen Thema zu entwickeln.

Natürlich können Sie auch auf meine Anregungen zurückgreifen. Nach einiger Übung werden Sie jedoch, davon bin ich überzeugt, ganz selbstverständlich eigene innere Bilder erleben, die in Ihnen Raum und Zeit ergreifen und ihren angemessenen Rahmen finden wollen.

Auf diese Weise werden Sie zu Ihrer speziellen Situation „passende" Phantasien finden, die, mitunter ganz unvermutet und überraschend, aus Ihren unbewußten Anteilen aufsteigen wollen und auf eine Veränderung, auf eine Wandlung hoffen.

Bitte machen Sie sich noch einmal bewußt: Meine Vorschläge, nämlich die verschiedenen Phantasiereisen und Visualisierungsvorschläge sind Angebote, denen Sie mit Ihrer Aufmerksamkeit folgen können oder auch nicht.

Natürlich verfüge ich über reichhaltige Erfahrungen auf diesem Gebiet – sonst hätte ich dieses Buch ja gar nicht schreiben können –, doch ich habe eben keine Erfahrung mit Ihnen ganz persönlich.

Ich ermuntere Sie weiterhin dazu, Ihre Phantasien nicht zu beschneiden, nicht von vornherein eine Schere im Kopf zu haben.

Wählen Sie andererseits bitte zunächst nur das aus, was auch zu Ihnen paßt, worin Sie sich wiederfinden können.

Was sich jetzt nicht fügen will, paßt durch inneren Zwang schon gar nicht zusammen. Vielleicht versuchen Sie es einfach später noch einmal; dann bitte aber auf eine gewährende und freundliche Art.

Wichtig dabei ist, daß Sie die Bilder als für sich bedeutsam und stimmig, als kraftvoll und hilfreich erleben.

Phantasiereisen lassen sich also ohne weiteres selbst erfinden.

Sie benötigen dazu lediglich einen ruhigen Raum, einen bequemen Sitz oder eine Liege und – natürlich – Zeit.

Manche Menschen fragen mich, ob sie ihre Wachtraumreise besser in einer sitzenden oder in einer liegenden Haltung erleben sollen.

Ich meine, daß beides gleichermaßen gut möglich ist. Wichtig dabei ist nur Ihre Haltung, nämlich, wie sehr sie sich wirklich einlassen wollen.

Suchen Sie bitte die Position, die zu Ihnen paßt und in der Sie sich wohl fühlen.

Allerdings kann es im Falle einer liegenden Position schon mal vorkommen, daß Sie diese Lage dazu verführt, einzuschlafen.

Auch fördert die liegende Haltung eher innere Bilder aus der Kindheit zutage als die sitzende.

Sollten Sie Ihre Kindheit und Jugend als eher belastend erleben, so setzen Sie sich zunächst besser in Ihren Lieblingssessel.

Achten Sie bitte auch darauf, daß die Einstrahlung von Sonnenlicht keine Nachbilder auf Ihre Netzhaut projizieren kann, auch dann, wenn Ihre Augenlider geschlossen sind.

Deshalb bitte ich sie, Ihr Zimmer etwas zu verdunkeln oder sich zumindest gegen das Sonnenlicht hinzusetzen oder zu legen.

Bitte machen Sie sich noch einmal klar: Sie können nichts falsch machen. Alles, was Sie aus den Tiefen Ihres Unbewußten erreichen will, ist auf irgendeine Art gut für Sie, auch, wenn Ihnen dies zunächst nicht so erscheinen sollte.

Ich wünsche Ihnen

In einem vorangegangenen Abschnitt dieses Buches habe ich Ihnen bereits etwas gewünscht. In den einzelnen Abschnitten des zweiten Teils finden Sie am Schluß den immer wiederkehrenden Wortlaut: „Ich wünsche Ihnen…"

Ich möchte Sie durch mein Wünschen dazu ermuntern, daß die Phantasiereisen, Visualisierungsübungen und inneren Bilder, die ganz nach Ihrer Art, aus Ihrem Unbewußten aufsteigen, noch einmal eine Bekräftigung erfahren.

Gleichzeitig möchte ich damit auch den Wunsch aussprechen, daß die neuen Bilder und tiefen Eindrücke, die Sie erlebt haben, auch in Ihr Erleben und Verhalten einfließen und dort Ausdruck finden können.

Die Wünsche beziehen sich also auf Ihr Erleben und Verhalten, die Summe Ihrer Gedanken, Phantasien und Gefühle. Ihr eigenes Verhalten kann unmittelbar von Ihren Mitmenschen beobachtet, beschrieben und bewertet werden. Gedanken und Gefühle dagegen können nur vermutet und nicht direkt erschlossen werden. Sie stehen eben nicht auf Ihrer Stirn geschrieben.

Bei dieser besonderen Form des Wünschens geht es nicht nur um Wünsche, die Sie sich leisten, die Sie sich erfüllen können. Denn Wünsche, die Sie sich erfüllen können, sind ja eigentlich keine Wünsche mehr, sondern eher Pläne. Wünsche gehen nämlich in Erfüllung oder eben nicht.

In Märchen und Sagen begegnen Sie auf Schritt und Tritt dem Zauber, den ein Wünschen in sich bergen kann. Da gibt es verwunschene Prinzessinnen, geheimnisvolle Schlösser und Burgen. Da treiben Hexen und Zauberer, die einen verwünschen, Flüche aussprechen und sie lösen können, ihr Unwesen. Da werden dem Helden der Geschichte Ringe, Tarnkappen, Zauberstäbe und Wünschelruten geschenkt, die dieser dazu benutzen kann, auf seiner Wanderung durch die Märchenwelt sich und andere von dem bösen Zauber zu erlösen.

Der Mensch unserer Tage hat diese traditionsgebundene Form der Wunschfähigkeit wohl weitgehend eingebüßt.

Wir sind es gewohnt, uns einen guten Tag zu wünschen, für das Weihnachtsfest einen Wunschzettel zu schreiben oder einen Lottogewinn zu erhoffen.

Doch in erster Linie erhoffen wir uns, wenn wir drei Wünsche frei hätten, als erstes eine gute Gesundheit. Oft folgt dann Glück und Reichtum als nächstes.

Ich möchte Ihnen vorschlagen, hier nicht stehenzubleiben, sondern noch einen Schritt weiterzugehen.

Ist es nicht so, daß wir nur das auch wirklich erreichen können, was wir uns ganz fest in unserem Inneren wünschen, vielleicht, wenn wir nachts eine Sternschnuppe vom Himmel fallen sehen?

Vielleicht haben auch Sie schon diese Erfahrung gemacht, daß ein Wünschen wirklich helfen kann und nicht nur ein frommer Wunsch, ein nicht zu erreichendes Ziel bleiben muß.

Haben nicht auch Wünsche und Zufälle etwas miteinander gemeinsam?

Sind Glück und Sehnsucht nicht miteinander verwandt?

Ich glaube fest daran: Um die Realität mit allen Ihren Härten, Ungerechtigkeiten und Kränkungen ertragen zu können, wird man gut daran tun, zumindest in seinen Träumen eine andere Welt zu erfahren, eine Welt, in der Verzückung, Verwunderung und Verzauberung noch gute Chancen finden und an der Tagesordnung sind. Damit soll allerdings keineswegs einer Flucht aus der Welt das Wort geredet werden.

Wer viel in seinen Träumen lebt, braucht auch ein gutes Maß an Außenwelt, an Realitätssinn, um nicht abzuheben und den Sinn für das Machbare zu verlieren. Wer dagegen nur der Außenwelt verhaftet ist, mit Logik und rationalem Verstand durch sein Leben geht, benötigt doch auch die andere Seite, die Phantasie, um seelisch nicht zu verarmen. Denn ein jeder Weg, der nur die eine Seite kennt, ist unausgewogen und führt zur Verarmung, auch, wenn wir uns von außen her gesehen, als reich betrachten können. Denn ein Weg, wie lang er ist und wohin er führt, hat doch immer auch eine linke und eine rechte Seite, die beide für sich betrachtet werden wollen.

Die Phantasie ist die Schwester der Fähigkeit, sich Wünsche zu erlauben und diesen auch zu gestatten, Wirklichkeit anzunehmen.

Ein inneres Wünschen, auch, wenn es noch so zart und leise ist, bringt Farbe und Bewegung in Routine und Alltag und vermag ihn zu überhöhen. Es macht neuen Sinn und Mut, gerade dann, wenn ein Mensch erkrankt ist und das Leben durch Schmerzen und Behinderung eingeschränkt und nur noch auf wenige Farben reduziert sein mag.

Erinnern Sie sich doch bitte zurück an Ihre Kindheit: Was haben Sie nicht alles für Wünsche gehabt; vielleicht sind einige davon in Erfüllung gegangen, andere nicht.

Ist ihr Leben so verlaufen, wie Sie es sich gewünscht haben? Die wenigsten Menschen behaupten das. Es fehlt doch eigentlich immer etwas, um ganz zufrieden sein zu können. Aber, was wir in unserer Vergangenheit, durch welche Gründe und Umstände auch immer bedingt, nicht erreichen konnten, können wir das nicht gut der Zukunft anvertrauen und dadurch in der Gegenwart zufrieden leben?

Ich wünsche Ihnen,
daß Sie Ihre Wunschfähigkeit wiederentdecken. Denn sie ist natürlich auch in Ihnen. Sie ist schon immer dagewesen.

Im zweiten Teil dieses Buches können Sie durch die Macht

Ihrer Phantasie ein Füllhorn von Möglichkeiten erleben, gute Absichten und alte Wünsche Wirklichkeit werden zu lassen. Denn die Phantasie ist ein Teil Ihrer Realität. Sie gehört zu Ihnen wie Essen und Trinken.

Wenn wir unsere Phantasie und unsere Wunschfähigkeit verlieren würden, verschwände auch die Hoffnung, daß das Leben uns trägt. Ohne diese schiene dann wohl alles verloren.

Nur das Gute nehmen

Ich möchte Sie, in mehrfacher Hinsicht, darum bitten, eine Auswahl für sich zu treffen.

Nicht jede Phantasiereise oder Visualisierungsübung ist in gleich guter Hinsicht für Ihre spezielle Situation, Ihre gesundheitliche Schwierigkeit oder Ihren Schmerz, ob Sie diesen nun eher körperlich oder aber seelisch empfinden, geeignet.

Was Ihnen hilft, worauf Sie sich gut einlassen können, ist gut, was Ihnen dagegen nicht hilft, ist schlecht.

Halten Sie sich damit nicht länger als nötig auf. Es gilt, das Gute herauszufinden.

Das einzig „richtige" innere Bild gibt es nicht. Jeder Mensch hat andere davon und auch das ist gut so. Andererseits habe ich in diesem Buch Phantasiereisen für Sie ausgewählt, mit denen meine PatientInnen überwiegend gute Erfahrungen machen konnten.

Dies gilt auch für die Art der Entspannung, die Sie bitte auswählen möchten. Sie soll der Schlüssel zu dem Erleben innerer Bilder sein, ihr Wegbereiter.

Viele Menschen haben die Entspannungstechnik des autogenen Trainings nach Schultz gelernt. Falls Sie es beherrschen und es Ihnen hilft, innere Ruhe zu finden, wenden Sie es ruhig weiter an, und verzichten Sie auf meine Vorschläge.

Das gleiche gilt für die auch weitverbreitete Muskelentspannung nach Jacobson. Haben Sie gute Erfahrungen damit gemacht, wenden Sie diese Form der Spannungsreduktion ruhig weiter an.

Bevorzugen Sie eine bestimmte Form der Meditation, vertiefen Sie diese getrost.

Falls eine Form der Spannungsreduktion, die ich Ihnen in den Anhängen IV bis VI vorschlage, sich jedoch positiv auf Sie auswirken sollte, Sie beruhigt und öffnet für neue Erfahrungen mit inneren Bildern, üben Sie sie doch bitte ein.

Prüfen Sie, was Ihnen guttut, Ihnen weiterhilft und wovon Sie mehr haben möchten. Auch das kann spannend sein.

Besonders wichtig ist es, wieder aus der Bilderwelt aufzutauchen, wieder ganz wach zu werden und gut in Ihrem Alltag anzukommen.

Auch hier mache ich Ihnen später mehrere Vorschläge, für die das gleiche gilt: Was zu Ihnen paßt, nehmen Sie bitte in aller Ruhe an.

Bitte lassen Sie sich ein

Das Seelische drückt sich in Bildern aus. Innere Bilder sind die Konkretisierung von Gefühlen. Gefühle wirken unmittelbar auf körpereigene Vorgänge, indem sie nahezu alle Vorgänge im Körper direkt beeinflussen können. Körperliche Störungen wirken sich unmittelbar auf die Gefühlswelt aus. Die damit verbundenen Gefühle wie Schmerzen, Trauer oder Angst lösen wiederum innere Bilder aus.

Fühlen Sie sich gut und rundum wohl in Ihrem Körper, wird auch Ihre Bilderwelt optimistisch und positiv gestimmt sein. Sie fühlen Tatkraft, Lebensfreude und Mut.

Leiden Sie an einer Krankheit, die vielleicht sogar mit Schmerzen verbunden ist, können Ihre Phantasien, die Sie auf die Außenwelt richten, negativ getönt sein. Das kann zu depressiven Verstimmungen, innerer Leere und Hoffnungslosigkeit führen, die Freude und Mut lähmen.

Ich möchte Sie dazu bewegen, daß Ihre Phantasie eine Brücke, ein bunter schillernder Regenbogen von Tatkraft, Freude und Hoffnung sein kann, auch dann, wenn Sie krank sein sollten und unter Schmerzen leiden.

Wenn nicht einmal mehr Hoffnung ist, dieses Fünkchen der Freude, was kann dann noch sein? Denn Hoffnung ist doch immer noch das Letzte, was uns Menschen bleibt. Wie sonst wohl sollten wir weiterleben können, wenn die Hoffnung auf Genesung, auf Linderung der Schmerzen fehlt.

Bitte lassen Sie sich ein, soweit Sie können und soweit Sie wollen und soweit es Ihnen gut tut.

Aber sorgen Sie für sich. Sie müssen nicht immer ganz tief in Ihre Seele schauen, um Erschütterungen zu erleben, die, wenn Sie zur rechten Zeit erfolgen, für eine Wandlung sorgen können, jedoch, zur unrechten Zeit, auch zu Gefühlen der Trauer, der Einsamkeit und des Verlustes.

Sie brauchen in Ihrem Suchen und Finden nicht immer in die tiefsten Tiefen zu schauen. Auch knapp unterhalb der Oberfläche können kleine Schätze und Kostbarkeiten verborgen sein. Auch dort können Sie Erlebnissen begegnen, die zu einer Veränderung Ihres Lebensstils, zu einem anderen Umgang mit Körper und mit Seele, mit sich selbst und Ihren Mitmenschen führen.

Nochmals: Lassen Sie sich bitte ein, so tief und so weit Sie jetzt gehen können und wollen.

Das Seelische ist wie eine „Gefühlszwiebel". Unter einer Schicht verbirgt sich eine andere und unter dieser gibt es noch viel mehr davon.

Ob Sie jemals wirklich an die letzte tiefe Schicht Ihrer Seele kommen, an den Kern Ihrer Existenz, wer weiß das. Letztlich ist dies auch eine Frage Ihres Glaubens, Hoffens und Betens.

Mit diesen Worten ist folgendes gemeint: Auch das Anschauen innerer Bilder aus der Distanz kann eine Veränderung körperlicher Prozesse bewirken, die zu einer positiven Auswirkung auf das Erleben Ihrer Innenwelt und letztlich zu einem veränderten Verhalten gegenüber Ihrer Außenwelt beitragen.

Das passive Anschauen innerer Bilder nennt man die Phantasie. Ein weiterer Schritt darüber hinaus ist die Imagination.

Der Unterschied zwischen Phantasie und Imagination ist folgender:

Ich versuche es Ihnen an einem einfachen Beispiel zu verdeutlichen.

Angenommen, Sie sind ein Anhänger des Basketballs. Sie stellen sich vor, ein Mitspieler Ihres Vereins wirft Körbe wie am Fließband. Sie sehen dies ganz deutlich vor sich, wie er wirft und den Ball im Korb versenkt. Das ist eine Phantasie.

Nun stellen Sie sich bitte vor, wie Sie selbst in der Halle spielen und einen Ball nach dem anderen versenken, die Turnschuhe an ihren Füßen spüren, das Ziehen des Gegenspielers an ihrem Trikot, den Jubel der Menge hören, den Schweiß an Ihrer Haut hinabperlen fühlen, die Mannschaftskameraden wahrnehmen, die Ihnen nach dem gelungenen Wurf um den Hals fallen: Das ist eine Imagination.

Der Unterschied zwischen Phantasie und Imagination ist, vereinfacht ausgedrückt, der, daß sie in einem imaginativen inneren Bild immer als handelnde Person selbst auf der Bildebene vorhanden sind. Sie können in diesem Bild sehen, hören, riechen, schmecken und, nicht zuletzt, fühlen. Sie sind der Held, der handelt und können doch dabei Ihre Mitspieler sehen und hören.

Sie sind damit völlig im Bilde.

Imaginative Bilder lassen sich letztlich nicht mit dem Verstand, dem Willen erzwingen. Sie steigen, bei günstigen inneren Bedingungen, nämlich bei einem entspannten Zustand des Körpers und der Seele, wie von selbst aus den tiefsten Persönlichkeitsschichten auf. Sie dauern manches Mal Minuten, oft nur Sekunden und können doch zu einer Verdichtung des Seelischen, zu einem Symbol werden, das alles Erlebte zu einem einzigen Bild zusammenfaßt.

Tiefe Träume, die Sie immer wieder träumen, haben diese Kraft. Sie können zu einem Ereignis führen, zu einer Wandlung des Seelischen beitragen.

Sie können sie jedoch nicht erzwingen. Sie stellen sich von alleine ein oder eben nicht. Jedes „Muß" verschließt sich ihnen. Jedes „Kann" eröffnet sie.

Da in unserem Leben wohl kaum etwas „rein" und „immer" ist, vermischen sich Phantasie und Imagination ständig, so daß man oftmals gar nicht sagen kann: Das ist jetzt Phantasie und das ist jetzt Imagination. Das zu wissen, ist auch gar nicht nötig und wichtig.

Es geht nur um Ihre innere Haltung.

Ich wünsche Ihnen,
daß Sie auf meine Vorschläge eingehen können, so weit und so tief Sie Ihnen folgen möchten.

Bitte lassen Sie sich auf die Welt Ihrer inneren Bilder ein. Geben Sie sich dafür bitte Ihre Erlaubnis, Bereitschaft, Raum und Zeit.

Da ich Sie in den nächsten Kapiteln auf Ihren Reisen in der Phantasie mit meinen Worten berühren und begleiten möchte, wünsche ich mir von Ihnen, daß Sie es annehmen, daß ich innerhalb der Texte der Phantasiereisen die „Du"-Form verwende.

Unsere Phantasien sind wohl das Intimste, was wir Menschen besitzen. In der Regel behalten wir sie für uns oder vertrauen sie nur ganz wenigen auserwählten Menschen an.

Ich verstehe mich für eine Zeitlang als Ihr Wegbegleiter, als Ihr Reisegefährte, mit dem Sie über die Texte und damit über Ihre inneren Bilder in einen Dialog treten. Wenn Sie erst mit Ihren inneren Bildern auf du und du stehen, werden wir uns spätestens aneinander gewöhnt haben und uns vertrauen können.

Von den ersten Schritten

Einübung der Vorstellungskraft

Die Phantasie ist eine seelische Funktion, die auf mehreren Ebenen gleichzeitig arbeiten kann: auf der Ebene körperlicher Empfindungen, der Gefühle, des Denkens und der Intuition. Sie beinhaltet alle verschiedenen Formen von Vorstellungen, die ein Mensch empfinden kann, nämlich bildliche und akustische Sensationen, „Bilder" des Riechens, des Schmeckens sowie auch die körperlicher Empfindungen.

Ein Phantasiebild kann, bei starker emotionaler Beteiligung, eine vorwärtsdringende Kraft in sich bergen. Dabei neigt es dazu, die körperlichen Zustände und äußeren Handlungen hervorzubringen, die in ihm angelegt sind.

Deshalb sollte die Phantasie in gewissen Grenzen kontrolliert und geschult werden. Wenn sich innere Bilder nämlich nur diffus entwickeln, zu konturlos und flüchtig ausfallen, werden sie kaum von Emotionen begleitet. Diese Gefühle bewirken aber letztlich die Wandlung, nämlich die Korrektur von Gedankenmustern, Vorlieben, inneren Einstellungen und Vorurteilen. Alles dies kann letztlich zu einer angestrebten Veränderung von Verhaltensweisen führen.

Bei der Einübung einer lebhaften Vorstellungsfähigkeit möchte ich Sie bitten, folgende Aspekte des Erlebens innerer Bilder zu beachten:

- den Umfang des Aufmerksamkeitsfeldes der inneren Bilder,
- das Ausmaß ihrer Lebendigkeit,
- die Intensität ihrer Farb- und Formschärfe.

Im Anhang II schlage ich Ihnen eine Übung mit dem Titel „Bildschärfeskala" vor, in der ich Sie darum bitte, sich innere Bilder zu vergegenwärtigen, die alle Ihre Sinne ansprechen. Natürlich ist dies eine von mir getroffene Auswahl, die allgemein gehalten ist. Sie ist eine Abwandlung der Bildschärfeskala von Lazarus (1980) und dient der Einschätzung und Einübung Ihrer Phantasietätigkeit. Sie können in der Vorstellung der angebotenen Bilder erproben und feststellen, welche Sinne in Ihrer inneren Bilderwelt am stärksten ausgeprägt sind. Manchen Menschen fallen akustische Phantasien leichter als innere Bilder, die den Geruch oder den Geschmack ansprechen. Andere Menschen fühlen innere Bilder eher, als sie vor ihrem inneren Auge zu sehen. Sollten Sie andere Vorstellungsbilder finden, die besser zu Ihnen passen als ich Sie Ihnen vorschlage, machen Sie bitte davon Gebrauch.

Die Übung „Ihr Zuhause" finden Sie in Anhang III. Den meisten Menschen fällt es leichter, sich auf der Bildebene zunächst in ihrer bekannten und vertrauten Umwelt zu orientieren, vor allem dann, wenn sie bislang mit ihrer Phantasie nur selten zielgerichtet „gereist" sind. Ich bin noch keinem Menschen begegnet, der sich beispielsweise sein Wohnzimmer oder seine gegenwärtige Lieblingskleidung nicht vorstellen konnte.

Diese Übung ist wiederum so aufgebaut, daß sie auf der Bildebene alle Ihre Sinne ansprechen möchte.

Sich entspannen

Durch unseren Körper sind wir mit der Welt verbunden. Er ist das Medium, uns zu spüren, uns auszudrücken und uns lebendig zu fühlen.

Bei dem Erleben von Phantasiereisen wird unsere Aufmerksamkeit vorübergehend verändert. Körperliche Funktionen werden reduziert, psychische und geistige Funktionen dagegen reger und lebendiger wahrgenommen.

In einem entspannten Zustand fällt es den meisten Menschen leichter, innere Bilder aus dem Unbewußten aufsteigen und der Phantasie freien Raum zu lassen. Auf diese Weise können innere Bilder erst so richtig fließen.

Da wir nun einmal alle verschieden sind, reagiert jeder Mensch ganz unterschiedlich auf Angebote, Spannung zu reduzieren.

Daher mache ich Ihnen in den Anhängen IV bis VI verschiedene Vorschläge, sich zu entspannen.

Die Übung „Entspannung durch Fragen" möchte Sie dazu verführen, Ihre Aufmerksamkeit von außen nach innen zu verlagern. Durch die innerliche Beschäftigung mit den Fragen „vergessen" Sie im wahrsten Sinne des Wortes Ihre Umwelt und wenden sich so in verstärktem Maße Ihrem Körper und Ihren Gefühlen, Ihrem Innenreich zu. Diese Übung ist eine Abwandlung der „Sensorischen Entspannung" nach Weizman, zitiert in Lazarus (1980).

Im Anhang V finden Sie die Phantasieübung „Entspannung durch Farben", in der ich Sie darum bitte, sich verschiedene Farben vorzustellen. Unsere Seele kann mit Farbgebungen mitschwingen. Von einigen Farben fühlen wir uns geradezu innerlich ergriffen. Sie gehen uns unmittelbar unter die Haut und können uns in eine düstere, in eine freudige oder aber in eine entspannte Stimmung versetzen.

Als letzten Vorschlag finden Sie in Anhang VI: „Entspannung durch Schreiben" eine kleine Phantasiereise, in der ich Sie dazu ermuntere, innerlich zu schreiben. Dieser Text kann bei manchen Menschen eine geradezu hypnotische Trance auslösen, wenn sie sich ganz darauf einlassen. Haben Sie jedoch bitte keine Berührungsängste: Das Ärgste, was Ihnen geschehen kann, ist, daß Sie über dieser Entspannungsübung einschlafen.

Probieren Sie diese Angebote doch einfach für sich aus. Falls Sie eine deutliche – nämlich positive – Veränderung in sich spüren sollten, gleich, wie diese im einzelnen aussehen mag, üben Sie diese bestimmte Entspannungsform doch für sich ein, so, daß Sie sie immer anwenden können, wo auch immer Sie sich befinden mögen.

Entspannung sollte, meines Erachtens, nie Zweck für sich alleine sein, sondern möglichst jederzeit und überall in Ihrem Alltag „abgerufen" werden können.

Die jeweils eingeübte Form, sich zu entspannen, können Sie dann – auch im Geiste – als Vorspann vor die Phantasiereisen setzen, die ich Ihnen nachfolgend vorschlagen werde.

Ansonsten benötigen Sie nur einen gemütlichen Sessel, eine Liege oder ein Bett, ein ruhiges, etwas abgedunkeltes Zimmer und – natürlich – Neugier, Zeit und Ihre innere Aufmerksamkeit.

Wieder ankommen

Es ist wichtig, wieder mit guten Gefühlen in Ihrem Raum anzukommen, wenn Sie die jeweilige Phantasiereise beenden möchten.

Ich mache Ihnen dazu einige Vorschläge:

- Verabschieden Sie sich bitte erst dann von Ihrem letzten inneren Bild, wenn Sie sich in diesem überwiegend gut anfühlen.
- Atmen Sie – ganz bewußt – einige Male tief ein und aus.
- Spüren Sie den Boden unter Ihren Füßen, falls Sie sitzen oder die Unterlage unter Ihrem Körper, falls Sie liegen sollten.
- Recken Sie Ihre Arme bitte mehrfach.
- Reiben Sie Ihre Augenlider, bevor Sie sie wieder öffnen.
- Orientieren Sie sich wieder in Ihrem Raum. Nehmen Sie seinen Geruch und seine besondere Atmosphäre wahr.
- Bearbeiten Sie bitte Ihre inneren Bilder oder eines davon nach der Art und Weise, wie ich es Ihnen in dem Kapitel „Vom Umgang mit inneren Bildern" (S. 30) vorgeschlagen habe.
- Gönnen Sie sich abschließend etwas „Gutes", was immer dies auch sein mag.

WICHTIG

Ich möchte Sie noch einmal darauf aufmerksam machen, daß sich innere Bilder sowohl in positiver wie auch in negativer Hinsicht auf Ihren Alltag auswirken können.

Haben Sie sich von einem bestimmten inneren Bild noch nicht wirklich gelöst, kann es unter Umständen für längere Zeit eine Art Eigenleben in Ihnen führen und Sie dadurch von Ihrem gegenwärtigen Tun und Handeln ablenken.

Sorgen Sie bitte dafür, daß Sie nach dem Erleben einer Phantasiereise einen zeitlichen Abstand von mindestens einer Viertelstunde einlegen, bevor Sie zum Beispiel wieder Auto fahren oder überhaupt eine Tätigkeit beginnen, die Ihre volle Konzentration abverlangt.

Vom Abwägen und Wagen

Die Waage der Gesundheit

Kranksein bedeutet ein Verlassen einer Harmonie bzw. die Infragestellung einer bisher ausbalancierten Ordnung.

Es ist wichtig, das ständige Schwingen der Lebenskraft zwischen den Polen der Spannung und der Lösung zu verstehen. Wichtig ist dabei auch die Frage, in welche Richtung sich die Lebenskraft, die vitale Energie des einzelnen vorwiegend wendet, ob mehr nach außen oder mehr nach innen.

Wer sich häufig niederziehenden, lähmenden, unfruchtbaren Gedanken hingibt, der bringt das Negative in sich zum Schwingen. Wer ein gutes Gefühl für sich, seinen Körper und seine Mitmenschen empfindet, lädt Sonnenschein und Freude in sein Leben ein.

Ich möchte Sie durch das Angebot des Bildes eines Abwägens dazu anregen, sich die Frage zu stellen, wieviel Sie, Ihrer Ansicht nach, *für* und wieviel Sie *gegen* Ihre Gesundheit tun. Ist dies Verhältnis eher ausgewogen oder unausgewogen?

Wagen Sie doch einfach, sich dieser Frage zu stellen und wägen Sie ab.

Stelle dir bitte eine Waage vor, eine Waage mit großen Schalen ... links ... und rechts ... eine Waage ... ganz aus deiner Phantasie ... und nun ... bitte ... lege in die linke Waagschale ... alles das hinein ... was du getan ... oder ... auch gelassen hast ... was deinem Körper ... und ... deiner Seele ... nach deiner Meinung ... und Überzeugung ... geschadet hat ... was immer dir auch einfällt ... und ... vor Augen kommt ... lege es doch bitte hier hinein ... in die linke Schale ... du kannst das auf ganz reale Art ... und ... Weise tun ... oder auch ... Symbole dafür verwenden ... alles ... was du meinst ... weil dies eine ganz besondere Waage ist ... die hier wägt ... und ... gib dir Zeit dafür ... und nun ... wende dich bitte mit deiner Aufmerksamkeit der rechten Schale zu ... und hier ... lege bitte alles das hinein ... was du für deine Gesundheit alles tatest ... um sie zu unterstützen ... oder ... um gesund zu werden ... alles das ... was dir so einfällt ... sei es noch so vage ... und ... zunächst für dich verblüffend ... auch dieses Mal ... gib dir doch bitte Zeit ... und ... ruhig noch mehr davon ... und ... wenn auch das getan ist ... schaue bitte nach ... nimm Abstand ... und ... wäge bitte ab ... nach welcher Seite wohl die Waage pendelt ... oder ... ob sich ihre Schalen ... etwa auf gleicher Höhe ... auf gleicher Ebene ... einpendeln wollen ... und dann ... prüfe doch für dich ... ob das so für dich in Ordnung ist ... und ... du damit leben kannst ... und ... wenn du meinst ... für dieses Mal ist es genug ... dann ... öffne bitte wieder deine Augen ... vielleicht gibt es jetzt so viel für dich zu tun.

Selbstverständlich gibt es auch noch andere Möglichkeiten, sich auf phantasievolle Art der Frage zu stellen, wie Sie sich in Ihrer jetzigen Lebensphase fühlen und was Sie für Ihren Körper und Ihre Seele Gutes tun können und was Sie ihm und ihr vielleicht noch vorenthalten.

Sie können sich zum Beispiel ein *Gesundheitsbarometer* vorstellen.

Wenn der Anzeiger auf der Schönwetterseite (hoher Druck) steht, dann hieße das für Sie, daß sie sich gegenwärtig buchstäblich auf der Sonnenseite des Lebens befinden.

Bleibt der Zeiger im linken Feld stehen (tiefer Druck) so prüfen Sie doch bitte nach, welche Möglichkeiten Sie sehen, die dunklen Wolken aus Ihrem gegenwärtigen Leben zu vertreiben.

Eine andere Möglichkeit besteht darin, sich ein *Gesundheitsthermometer* vorzustellen. Der Bereich um die Nullgradgrenze (–5 bis +5) wäre hier normal.

Bei einem Ausschlag in die tiefen Minusgrade würde das bedeuten, daß es Ihnen derzeitig gar nicht gutgeht. Im Falle einer hohen Temperatur fühlen Sie sich offensichtlich blendend.

Natürlich können Sie auf diese oder eine ähnliche Weise auch abwägen, ob Sie ein angemessenes Verhältnis zwischen Geben und Nehmen in Ihrem Leben vorfinden.

- Neigen Sie dazu, zuviel oder zuwenig zu essen?
- Sind Sie eher dazu bereit, sich etwas zu leisten, zu gönnen oder neigen Sie dazu – mit Rücksicht auf andere Menschen oder auf Erziehungsverbote – lieber zu verzichten?
- Wie ist es bei Entscheidungen, die Sie treffen müssen? Lassen Sie diese lieber durch andere treffen, um selbst keinen Fehler zu begehen?
- Neigen Sie dazu, eine Entscheidung lieber vor sich herzuschieben oder eher vorschnell zu tätigen?
- Sind Sie vielleicht zu oft derjenige, der meist gibt und nichts von anderen bekommt, gerade dann, wenn Sie es bräuchten?
- Befindet sich Ihre Partnerschaft in der Balance?
- Ist Ihr Verhältnis von Arbeit und Freizeit in sich stimmig?
- Können Sie sich und anderen auch wirklich etwas gönnen oder bringen Geiz und Mißgunst die Waage in eine Schieflage?

Wägen Sie doch einfach ab und schauen Sie nach, ob sich Ihre „Waage der Gesundheit" im Gleichgewicht befindet.

Ich wünsche Ihnen,
daß Sie es sich ruhig gestatten, sich diese Waage der Gesundheit öfters vorzustellen, um auf diese phantasievolle Art und Weise zu spüren, ob Ihre Gesundheit, Ihre Beziehungen, ihr Leben insgesamt sich in einer gesunden Balance befindet.

Ich denke, es geht doch in unserem Leben auch immer darum, die Mitte in sich zu suchen und zu finden.

Darum möchte ich Ihnen nochmals die Frage stellen: Kann ein Teil gesund sein, wenn nicht das Ganze in sich gesund ist?

Teil 2
Heilung durch die Macht der Phantasie

Der zweite Teil dieses Buches beansprucht ganz bewußt den größten Raum. Er ist sein Herzstück.

Sie finden hier neun Kapitel vor, die folgendermaßen lauten:

- Träumen und schlafen
- Suchen und finden
- Versorgen und entsorgen
- Einatmen und ausatmen
- Aufräumen und reinigen
- Wärmen und kühlen
- Fließen und loslassen
- Beschützt und behütet werden
- Freundschaft schließen und Frieden finden

Alle nachfolgenden Kapitel enthalten jeweils zwei Phantasiereisen, die ähnliche Themen bebildern und sich gegenseitig ergänzen. Falls Sie also das Gefühl haben, daß die eine derzeit nicht so recht zu Ihnen „passen" sollte, haben Sie noch eine weitere zur Auswahl. Es kann aber auch sein, daß die zwei Phantasiereisen des jeweiligen Kapitels ganz verschiedene Aufforderungscharaktere besitzen und unterschiedliche Krankheiten „bebildern" wollen.

Dabei habe ich mich darum bemüht, Ihnen möglichst unterschiedliche Vorschläge für das Reisen in Ihrer Phantasie zu unterbreiten.

Die Kapitel werden jeweils eingeleitet durch eine Einführung in das Thema. Der Schwerpunkt dieser Einleitungen will Ihnen zunächst vor Augen führen, was Ihr Körper alles leistet, damit Sie gesund bleiben oder gesund werden können. In diesen Einleitungen gehe ich – in aller Kürze – auf verschiedene Krankheiten ein, die in unserem Kulturkreis häufig vorkommen und die durch innere Bilder positiv beeinflußt werden können. Weiterhin stelle ich verschiedene Bezüge her, in die Ihr Körper quasi eingebettet ist. Es handelt sich hier um soziale, psychologische und traditionelle Bedingungen, die für die Aufrechterhaltung von Gesundheit sowie die Überwindung von Krankheit wichtig sind.

Nach der ersten Phantasiereise folgt eine Hinführung zu dem Thema der zweiten.

Nachdem Sie diese für sich erlebt haben, möchte ich Ihnen jeweils Fragen zu den angesprochenen Themen stellen, die Sie bitte für sich beantworten möchten, wann immer Sie Zeit und Interesse dafür aufbringen möchten.

„Meine Fragen an Sie" beziehen sich wiederum nicht ausschließlich auf körpereigene oder innerseelische Vorgänge sondern auf die ganze Welt, die Sie umgibt. Damit meine ich auch die Art und Weise Ihrer Einstellungen, Werthaltungen, Ihre Interessen sowie das Ausmaß und die Intensität Ihrer zwischenmenschlichen Beziehungen.

In dem Abschnitt „Raum und Zeit für Fragen ganz nach Ihrer Art" möchte ich Ihnen anschließend die Gelegenheit geben, sich weiter mit dem Thema zu beschäftigen und sich selbst Fragen zu stellen, die im weitesten Sinne Ihre Gesundheit betreffen.

Wenn Sie sich von meinen Gedanken und den Phantasiereisen angesprochen fühlten, können Sie sich in dem leeren Feld Ihre Fragen, und, wenn die Zeit dafür schon reif sein sollte, natürlich auch Ihre Antworten notieren.

Es folgt jeweils ein Abschnitt, in dem ich Ihnen weitere Angebote für bildhafte Vorstellungen unterbreite. Dieser nennt sich: „Stellen Sie sich bitte vor..."

Dies sind sogenannte Vorstellungsübungen, die sich von Phantasiereisen insofern unterscheiden, indem ich Ihnen jeweils nur Vorschläge für das Erleben eines Bildes unterbreite.

Phantasiereisen dagegen beinhalten ja eine Abfolge innerer Bilder, die sich zu einer Reise in die Innenwelt von Körper und Seele ausweiten kann.

Man kann diese Vorstellungssübungen vergleichen mit einem

Schuß aus der Schrotflinte. Sie treffen irgendwie. Wie weit die Kugeln streuen und wohin sie gehen, ist ungewiß. Auch hier gilt der Vorschlag, den ich Ihnen im Kapitel: „Nur das Gute nehmen" unterbreitet habe: Machen Sie sich bitte das zu eigen, was auf Sie, Ihre Krankheit, Ihre ganz persönliche Befindlichkeit, Ihre jeweiligen Umstände ganz besonders zutrifft.

Anschließend bitte ich Sie darum, sich Raum und Zeit für „Innere Bilder ganz nach Ihrer Art" zu nehmen.

Wie ich bereits bemerkt habe: Auch Sie können ganz natürlich Phantasiereisen für sich selbst erfinden. Meine Leistung besteht lediglich darin, Ihnen Anregungen dafür zu geben.

Am Ende jedes der folgenden Kapitel finden Sie einen Rückblick auf die von Ihnen gelesenen und erlebten Inhalte, verbunden mit einer persönlichen Aufforderung: „Ich wünsche Ihnen..."

Hiermit verbinde ich die Hoffnung, daß Sie die erlebten inneren Bilder zu einem Teil Ihres Alltags werden lassen können.

Denn darum geht es ja vor allem: Verhaltensänderungen wirken sich unmittelbar auf die Gedanken, diese auf die Gefühle, Gefühle natürlich wiederum auf die Welt der inneren Bilder aus. Diese verändern ihr Erleben. Ein verändertes Erleben führt zu einem anderen Verhalten. Sie erhalten so einen geschlossenen Kreis, der in sich logisch ist.

Ist ein Teil dieses Kreises nicht geschlossen, wirkt er sich störend auf jeden anderen Bereich aus. Er kann sich nicht mehr schließen.

Auch dies ist eine Möglichkeit, die Wechselwirkungen zwischen Körper und Seele, zwischen Erleben und Verhalten, zwischen Gesundheit und Krankheit zu betrachten.

Sie wissen bereits: Ist nur ein Teil gestört, ist das Ganze in sich gefährdet.

Da Appelle und Mahnungen, so gut sie auch gemeint sein können, in der Regel nicht weiterhelfen, habe ich ein „Wünschen" für Sie ausgewählt, das mit meiner ganz persönlichen Hoffnung für Sie verbunden ist, daß viele Ihrer Wünsche sich auch wirklich erfüllen mögen.

Träumen und schlafen

Träumen. Der Bilderraum im tiefen Brunnen

Das englische Substantiv „well" heißt, in die deutsche Sprache übersetzt, Brunnen oder auch Quelle.

Beides sind Orte, wo Wasser, das Elixier des Lebens, uns aus der tiefen Erde erreicht.

Wir Menschen haben alle in uns einen Brunnen, der uns mit Lebenswasser versorgt. Dieser tiefe Brunnen ist die Quelle unserer Träume. Er ist ein mächtiges Bild für einen wichtigen inneren Bereich, der tiefer ist als unser Gefühl und größer als unser Verstand.

Jeder von uns kann in seinen Träumen ein so tiefer Brunnen sein, daß wir nicht bis zu seinem tiefsten Grund hinabblicken können. Manchmal mag es uns sogar erscheinen, als ob unsere Seele in der Tiefe unserer eigenen Träume untertauchen könne.

Entspannung und Trance sind die Schlüssel für den Weg in diese Räume, die man auch das Unbewußte nennen kann. Phantasie und Imagination sind Tore und Türen in die Traum- und Bilderwelt.

Diese Schlüssel und Tore öffnen Wege zu unserer Mitte, die zu unserem inneren Brunnen, der Quelle aller Träume, führen.

Ihre Träume können Ihnen offenbaren, was Sie wirklich wollen und was Sie wirklich benötigen, auf Ihrem Weg, gesund zu bleiben oder zu werden.

Mit dem Text der folgenden Phantasiereise „Der Bilderraum im tiefen Brunnen" möchte ich Sie berühren und Sie dazu ermuntern, ganz tief in Ihren inneren Brunnen hinabzusteigen, um sich dort einen ganz besonderen Raum finden zu lassen.

Es ist Ihr Bilderraum, aus dem nachts aber auch tagsüber Träume, innere Bilder und Phantasien durch den Brunnenschacht ihres Unbewußten in Ihr Tagbewußtsein aufsteigen.

Dort können Sie – ich wünsche es Ihnen – Phantasien und Träumen Ihres Lebens und auch der Hüterin Ihrer inneren Bilder begegnen.

Vergangenheit und Zukunft treffen sich dort in der Mitte der Gegenwart.

Bitte ... laß dich ... in deiner Phantasie einen Brunnen sehen ... einen alten ... moosbewachsenen Brunnen ... und ... wenn du in ihn hineinschaust ... so kann es sein ... daß hier wohl schon lange Zeit ... kein Wasser mehr geschöpft wurde ... und bitte ... setze dich hin ... mit deinem Rücken ... angelehnt an den Brunnen ... und ... schließe bitte noch einmal deine Augen ... an diesem Ort ... und bitte ... stehe auf ... und ... gehe ... gut geleitet ... durch deine Phantasie ... wenn deine Augenlider geschlossen sind ... in den Brunnen hinein ... in dem dich eine Wendeltreppe nach unten führt ... eine Treppe aus Stein ... die du ... Stufe für Stufe ... hinuntergehen kannst ... und ... wenn es dir recht ist ... kann dich auch ein Geländer nach unten begleiten ... auch dorthin ... wo dich das Sonnenlicht nicht mehr erreicht ... kannst du ... nach einer Weile dennoch sehen ... da an den Wänden Fackeln brennen ... die deinen Weg erhellen ... die dir den Weg weisen ... in einen unterirdischen Raum ... in eine Felsengrotte ... und ... vielleicht spürst du erst jetzt ... daß die Stufen unter deinen Füßen ... schon ebenem Boden gewichen sind ... daß deine Beine ... und ... dein ganzer Körper ... schon auf festem Grund stehen ... wo du sicher gehen kannst ... in diesem geheimnisvollen Felsenraum ... wo du dich bitte spüren läßt ... du bist jetzt angekommen ... und nun ... vor einer Tür stehst ... einer Tür mit deinem Namen ... so ... wie du dich nennst ... und ... wenn du es gewähren läßt ... so öffnet sich die Tür von ganz allein ... ganz natürlich ... nur für dich ... der Raum erscheint dir zunächst ein wenig dunkel ... und ... ist dennoch hell ... denn an den Wänden hängen Bilder ... Bilder aus deinem Leben ... Bilder von Gesundheit ... und ... Krankheit ... von Tieren ... Menschen ... und ... von Situationen ... die dich erinnern wollen ... die Bilder sind nicht angeleuchtet ... sie erstrahlen ganz aus sich heraus ... aus ihrem Inneren ... so ... daß sie auf dich so greifbar ... und ... so plastisch wirken ... daß du meinst ... sie fast einatmen zu können ... du bist wohl so in dir befangen ... und ... so erstaunt ... daß du erst jetzt bemerkst ... wie eine alte Frau neben dir steht ... und ... dir die Hand reicht . . „Willkommen" ... so begrüßt sie dich ... und ... lächelt ... „Wie schön ... daß du gekommen bist ... wie lange habe ich schon auf dich gewartet ... schau dich nur um ... du bist in deinem inneren Brunnen ... in deinem Bilderraum ... dort ... wo deine Seele am tiefsten ... dort ... wo deine Seele am reinsten ist ... ich kenne dich schon ewig ... seit deiner Geburt ... und ... ich wünsche dir ... daß du nun auch mich besser kennenlernen kannst ... auf eine bestimmte Art ... bin ich ja stets bei dir ... denn ... ich bin die Hüterin deiner Bilder ... die Hüterin deiner Träume ... daß nichts davon verlorengeht ... hier unten ... hast du Zeit ... und ... Raum ... wann immer du es möchtest ... Bilder deines Lebens zu betrachten ... nur frage sie doch bitte nicht nach ihrem tiefen Sinn ... denn ... ist erst die rechte Zeit dafür gekommen ... so will sich dieser von allein erschließen ... wenn du mich brauchst ... so bin ich da ... denn ... wenn ich fort bin ... kannst du mich auch hier erblicken ... und bitte ... gib dir Raum ... und ... Zeit ... und wähle aus ... es gibt so viele Bilder ... in deinem Bilderraum ... denn ... die hier aufgehangen sind ... sie wandeln sich von Zeit zu Zeit ... und ... wollen dann in einem anderen Rahmen ... neu ... und ... ganz für sich betrachtet werden ... dort ist ein Sessel ... der zu dir paßt ... hier kannst du sitzen ... und ... gut sehen ... für dieses Mal ein Lebewohl ... du kannst ja wiederkommen ... .wenn Zeit zu träumen ... und ... für deine Phantasie sein kann" ... verwundert reibst du dir die Augen ... denn ... die alte weise Frau ... die Hüterin der Bilder ... ist fort ... so überraschend ... wie sie auch gekommen ist ... doch der Sessel steht dort in der Mitte ... probiere ihn ganz einfach aus ... und ... wenn du in ihm sitzt ... so kannst du denken „Wie für mich gemacht" ... so will er zu deinem Körper passen ... und ... wenn du dann nach vorne schaust ... so kannst du dich erblicken ... in einem Bild ... das in einem großen Rahmen hängt ... schau es dir an ... es ist für dich gemalt ... und ... wenn du es betrachtest ... bitte achte doch darauf ... wie du dich sehen läßt ... und ... dich dabei fühlst ... und dann ... laß dich noch einen Schritt weiter gehen ... in deiner Phantasie ... und ... schaue dir zu ... wie du ... in diesem Bild ... dich wendest ... .und ... den Bilderraum verläßt ... dir zuwinkst ... der du in dem Sessel sitzt ... und dann ... die Brunnentreppe ... Stufe für Stufe ... ganz behutsam mit dir selbst ... nach oben gehst ... und endlich ... ans Tageslicht gelangst ... .wo du ... angelehnt mit deinem Rücken ... dich träumen ließest ... du bist ganz tief im Brunnen ... in deinem Bilderraum gewesen ... wo ein Teil von dir ruhig bleiben kann ... dann ... wenn du schläfst ... und ... träumst ... aber nun ... bitte löse dich von dem Brunnen ... und ... laß dich spüren ... wie du stehst ... und ... gehst ... .und ... nach vielen Schritten ... auch wieder hier sein kannst ... um dich zu wundern ... und ... die Augen dann zu öffnen ... ganz weit ... um dann ganz da ... und ... wach zu sein.

Ruhe finden. Der Wächter der Nacht

Der Schlaf ist ein seltsames Phänomen. Wir können schlafen, ohne es je gelernt zu haben und wissen dennoch nicht, wie es geht.

Der Schlaf ist lebensnotwendig für die Regeneration von Geist und Körper. Auf Dauer führen Schlafstörungen zu Leistungseinbußen, Gereiztheit und Unaufmerksamkeit.

Wir alle sehnen uns nach einem erholsamen Schlaf und spüren doch auch zuweilen Angst und Befürchtungen, die aus der Tiefe der Welt des Schlafes und des Traums auf uns zukommen.

Schlaflosigkeit kann zu tun haben mit der Angst vor der Nacht, während der wir uns nicht so kontrollieren können wie wir es im Tagbewußtsein gewohnt sind.

Störungen der Nacht sind Störungen des Tages. Wir beschäftigen uns nachts mit vergangenen oder kommenden Ereignissen unseres Lebens und hindern uns somit daran, in der Gegenwart anzukommen.

Deshalb ist es wichtig zu lernen, den Tag ganz bewußt abzuschließen, ihm Abschied zu geben, damit die Glocken der Nacht eingeläutet werden können.

Dazu gehört ein Sich-Anvertrauen, ein Sich-Fallenlassen in die weichen und warmen Arme des Schlummers.

Streß ist das Gegenteil davon. Er ist ein Ausdruck für Belastung und Anspannung des gesamten Organismus. Vom Körper werden vermehrt Streßhormone ausgeschüttet und es kommt zu einer Erhöhung des Blutdrucks. Unter solchen Voraussetzungen wird sich kaum Ruhe finden lassen, zumal ja auch die Furcht dazukommt, am nächsten Tag übermüdet, gereizt und damit nur eingeschränkt arbeitsfähig zu sein.

Streß ist eine – zunächst sinnvolle – Antwort unseres Organismus auf eine vermeintliche oder tatsächliche Gefahr.

Die Streßreaktion läuft weitgehend automatisiert ab. Daher ist sie auch so schwer zu kontrollieren. Ist erst einmal dieser Teufelskreis in Bewegung gesetzt, fühlen wir uns ihm nahezu hilflos ausgesetzt.

Dabei muß es gar nicht erst so weit kommen, denn den meisten Streß machen wir uns selbst. Unsere Art der Einstellungen und Perspektiven zu uns selbst und der Außenwelt sind es, die uns die „Streßlawine" lostreten läßt. Zu hohe Anforderungen an uns selbst lassen aus einer sehr sinnvollen Reaktion der Alarmbereitschaft und Alarmreaktion unseres Körpers eine Bereitschaft zu ständiger Anspannung und Verkrampfung mit allen bekannten körperlichen und seelischen Begleiterscheinungen werden. Dieses ständige „auf der Hut sein müssen" engt unser Leben ein. Irgend etwas fehlt immer, um sich genüßlich zurücklehnen zu können und „die Seele baumeln zu lassen".

Oft meinen wir, uns für etwas rechtfertigen zu müssen, wofür – im Grunde genommen – nicht der geringste Anlaß besteht.

Nicht selten glauben wir, zu wenig zu geben, Anforderungen nicht zu genügen, dem Leben nicht ausreichend gewachsen zu sein, wo doch eigentlich von allem genug da ist.

Können wir nicht auch hier unserer Phantasie und unseren Träumen vertrauen? Träume wollen aufzeigen, was uns fehlt, Phantasien wollen uns behutsam darauf verweisen, was und wie wir dies erhalten können. Sie weisen uns auf Möglichkeiten der Entwicklung und Ausdifferenzierung unserer Lebensmöglichkeiten hin.

Ich möchte Sie nunmehr auf eine Phantasiereise einstimmen, die Ihnen hoffentlich dabei helfen kann, einzuschlafen und durchzuschlafen. Ihr Titel lautet: „Der Wächter der Nacht".

Es ist die Vorstellung, daß Ihr gesamtes Innenreich eine Stadt ist, deren Nachtwächter Sie sind. Haben Sie in ihrer Stadt vor der Bettruhe auch wirklich alle Lichter gelöscht, kann dort alles, Mensch und Tier, zur Ruhe kommen und seinen wohlverdienten Schlaf finden.

Falls Sie nachts aufwachen sollten und glauben, nicht wieder einschlafen zu können, so gehen Sie doch bitte noch einmal – in aller Ruhe – durch Ihre Stadt und schauen nach, ob Sie für dieses Mal auch wirklich nichts vergessen haben. Bei Ihrer inneren Suche können Sie dann auch vielleicht Ihren Schlaf wiederfinden.

Bitte ... stelle dir vor ... es ist Winter ... ein stiller ... tiefer Winter ... wo die Natur ... sich zu träumen anschickt ... und ... es vor deinen Augen schneit ... auf die Bäume ... die in den Himmel ragen ... und ... auf deren Blättern ... und ... Ästen ... bereits eine neue weiße Haut schimmert ... die ... durch das Gewicht ... das auf ihnen ruht ... fast den Boden berühren ... dort ... wo die Tiere ... die erst viel später ... dann ... wenn der Schnee ... von der Sonne fortgeschmolzen ist ... aus ihren Höhlen ... und ... Nestern kommen ... um sich ihre Schläfrigkeit ... aus dem Gefieder ... oder ... aus den Augen zu reiben ... doch noch lieben sie es ... auf eine angenehme Art ... und ... Weise zu träumen ... und ... sich einzukuscheln ... vom Schnee gewärmt ... in seiner weichen Umarmung ... der alles langsamer ... und ... wohliger ... werden läßt ... so ... daß ihnen ... wie von alleine ... die Augen zugehen ... und ... so wissen sie so manches Mal nicht ... ob sie wachen ... oder ... träumen ... oder ... in Wirklichkeit ... traumwach schlafen ... und ... immer tiefer ... und ... tiefer in ihre Träume versunken sind ... wo sie nur solange schlafen ... wie sie brauchen ... um ausgiebig zu genießen ... wo sie Lichter ... Farben ... und ... Formen sehen ... Bilder ... und ... ... Erinnerungen auftauchen ... um dann ... im Traum ... wieder ins Reich des Vergessens zu sinken ... und ... sie ahnen kaum ... mit ihrem fragenden Blick ... was jetzt Traum ... und ... was jetzt wach in ihnen ist ... so weit ... und ... so tief ... sind sie wohl schon gegangen ... wo doch immer ... und ... überall Gelegenheit sein kann ... ein wenig zu träumen ... und ... wegzutreten ... oder ... einzunicken ... wenn man beginnen kann ... einzutauchen ... in Bilder ... und ... Vorstellungen ... und ... in die entrückte Entspanntheit zu träumen ... und ... einen eigenen Weg zu gehen ... und ... einem inneren Bedürfnis zu folgen ... wenn die wohlige Schwere ... die auf der Erde ruht ... eine harmonische Erfahrung ist ... bei der sie schlummern können ... genau wie die Menschen ... die nachts in ihren Häusern ... Dörfern ... und ... in ihren Städten ruhen ... schon seit ewigen Zeiten ... und ... so war es früher Brauch ... um die letzten Lichter der Stadt zu löschen ... dann ... wenn die Tore schon geschlossen waren ... daß ein Nachtwächter durch die Straßen zog ... auch dann ... wenn die Straßen und Häuserdächer silbrig weiß im Mondschein glänzten ... um zu schließen ... was noch nicht geschlossen war ... und ... die letzten Laternen zu löschen ... damit Ruhe ... und ... Frieden ... einkehren kann ... so war es damals ... und ... so kann es auch noch heute sein ... dann ... wenn du noch einen Schritt weiter gehst ... und ... dir vorstellst ... dein ganzer Körper ist eine kleine Stadt ... mit Mauer ... Wall ... und ... Graben ... Toren ... Häusern ... und ... Straßen ... so ... wie du es von früher her kennst ... und ... so geschützt ... in seiner Einmaligkeit ... daß alles nur ... wie aus der Ferne ... wie ein monotones Summen bei dir ankommt ... und ... dich nur dort erreichen kann ... wo du wach zu sein gedenkst ... und ... wenn dies so ist ... dann kannst du ... in deiner Phantasie ... in deinem ganzen Körper ... durch dieses Städtchen gehen ... dort ... wo deine Füße auf dem weichen ... vom Tag noch unberührten Schneebett wandern ... eingemummt in einen großen Mantel ... und ... versorgt mit dem großen Schlüssel der Stadt ... und ... einem Scheffel ... um das Licht zu löschen ... um so ... von Haus ... zu ... Haus ... von Tür ... zu ... Tür zu gehen ... und ... das ... was noch nicht geschlossen ist ... und ... Häuser ... wo ... der Schlaf noch nicht Einzug gehalten hat ... einfach zuzuschließen ... was dann am Tag ... und nur von innen ... wieder geöffnet werden kann ...

und ... wenn du Lichter siehst ... die noch brennen ... und ... auch nachts ... noch Raum ... und ... Zeit erhellen ... so kannst du ... auf deine Weise ... auch diese löschen ... und ... wenn du meinst ... daß irgendwo ... an einem besonderen Ort ... ein Licht ... nur für dich ... für deine Sicherheit ... noch leuchten soll ... in dessen Schein ... die Flocken wirbeln ... und das ... nur diesen Fleck erhellt ... .dann ... kannst du es dabei belassen ... und dann ... wenn alles so sein kann ... daß du dich gut anfühlst ... und ... die ganze Arbeit ... für dieses Mal getan ist ... kannst du nach Hause gehen ... die Tür erst öffnen ... und ... dann schließen ... und ... dich in dein Bett begeben ... und ... ganz versunken in dich selbst ... nun träumen ... dann ... wenn die Eisblumen an den Fenstern ... das letzte Tor zur Außenwelt bemalen ... um dann ... in deine Innenwelt tief einzutauchen ... und ... dort der Stille zuzuhören ... die aus einer sicheren Ferne zu dir spricht ... und ... in einem feinen ... leisen Murmeln ... schließlich ganz verebbt ...

Meine Fragen an Sie:

- Können Sie sich vorstellen, die alte Frau im Brunnen Ihrer Träume noch mehrfach aufzusuchen?
- Möchten Sie ein Traumtagebuch führen?
- Haben Sie Angst davor, sich selbst zu verlieren, wenn Sie sich in den Schlaf fallen lassen wollen?
- Haben Sie sich schon einen Lebenstraum erfüllt?
- Grübeln Sie nachts öfter darüber nach, was Sie falsch machen, aus Angst, nicht perfekt zu sein?
- Möchten Sie sich mehr Ruhe und Gelassenheit als bisher schenken?
- Haben Sie ein bestimmtes Einschlafritual?
- Könnte es sein, daß Sie sich manchmal zu viel vornehmen?
- Möchten Sie einmal ausprobieren, sich vor dem Schlafen an ein schönes Ereignis der letzten Zeit zu erinnern?
- Versuchen Sie schon mal, Probleme zu lösen, wenn Sie abgespannt und nervös sind?
- Spüren Sie einen Ort, einen Raum in Ihrem Körper, wo Sie wirklich Ruhe finden können?

- Könnte es sein, daß Sie bestimmte Probleme überbewerten?
- Bei welchem Menschen fühlen Sie sich ruhig, wohl und geborgen?
- Können Sie in wiederkehrenden Träumen eine hilfreiche Figur entdecken?

Raum und Zeit für Fragen ganz nach Ihrer Art:

Stellen Sie sich bitte vor,

- Sie legen Ihre unruhigen Gedanken in einen Behälter und verschließen diesen sorgfältig. Ein Heißluftballon trägt diesen Behälter in den Himmel hinein, wo er bald Ihrem Blickfeld entschwindet.
- Sie setzen sich eine Schlafmaske auf.
- Sie pflücken Blumen. Jede dieser Blumen legen Sie in einen großen Blütenkelch und lassen diese von einem Fluß einfach davon tragen.
- Ihre bunten Träume warten schon unter dem Kopfkissen auf Sie. Sobald Ihr Kopf auf dem Kissen liegt, fließen sie in ihn hinein.
- Sie befinden sich auf dem Grunde des Ozeans in einem Mini-Unterseeboot. (Vorsicht bei Platzangst!)
- Sie befinden sich auf einer einsamen, menschenleeren Insel, wo Sie alles das tun können, was Sie sich schon immer wünschten, wenn Sie ganz für sich alleine sind.
- Sie projizieren Ihre Sorgen auf eine „Sorgenleinwand". Anschließend lassen Sie einen schwarzen Vorhang vor die Leinwand fallen.
- Sie haben Ihr Tagewerk vollbracht und fahren wie ein schwerbeladenes Schiff auf dem Ozean der Abendsonne entgegen.

- Sie lenken Ihre Aufmerksamkeit darauf, daß Sie sich in einem Labyrinth verirrt haben. Finden Sie wieder heraus.
- Sie befinden sich im Weltall in einer Raumkapsel. (Vorsicht bei Platzangst!)
- Sie konzentrieren sich auf ein unlösbares Rätsel.
- daß Sie einen bestimmten Laut oder Buchstaben innerlich immer wiederholen.
- daß Sie sich an ein schönes, unvergeßliches Erlebnis erinnern.

Raum und Zeit für innere Bilder ganz nach Ihrer Art:

Ich wünsche Ihnen,
daß Sie sich in Ihrem Leben viele Brunnen und Quellen finden lassen, die Sie immer wieder dazu ermutigen wollen, neu anzufangen, wenn etwas zum Stillstand gekommen und sich aufgebraucht hat.

Vielleicht lassen Sie sich dazu ermuntern, in die tiefen Schichten und Räume Ihres Unbewußten hinabzusteigen, aus dem die Phantasien und inneren Bilder aufsteigen wollen, um Ihrem Leben neue Farben und Bewegungen zu verleihen.

Gestatten Sie sich doch ruhig öfters, die alte Frau in Ihrem Bilderraum aufzusuchen und sie zu befragen, wenn Sie einen Rat benötigen und das zu erbitten, was Ihnen fehlt.

In Ihrem Bilderraum im Brunnen werden jede Nacht neue Bilder gemalt, gerahmt und aufgehängt. Möglicherweise sind hinter den neuen noch alte verborgen, die sich in ihrer Art auch offenbaren wollen, wenn die oberen zu verblassen beginnen.

Ich wünsche Ihnen weiterhin, daß Sie sich Ruhe finden lassen mögen.

Auch in der Unruhe können sehr wohl kleine Nischen der

Ruhe verborgen sein. Nur wer lange genug unterwegs ist und sucht, kann sie auch finden.

Ich wünsche Ihnen Gelassenheit und Umsicht bei all Ihrem Tun und Handeln. Mehr als an einem Ort können wir Menschen doch nicht sein.

Wenn es Tag ist, so ist dies eine gute Gelegenheit zu handeln. Dafür haben wir unser Wachbewußtsein sowie Arme, Hände, Beine, Füße.

Ist es Nacht, so wollen diese ruhen. Denn morgen ist ja wieder Tag.

Der Tag bringt es so mit sich, daß er uns Geschichten erleben läßt. Diese Geschichten wollen dann nachts in aller Ruhe und Gelassenheit für sich erzählt sein, damit wir sie auch in guter Erinnerung behalten können.

Nach der Nacht warten dann wieder die Tagsachen früh genug auf uns.

Suchen und finden

Suchen. Der innere Leuchtturm

Zwischen Ihren beiden Augen befindet sich ein sogenanntes drittes Auge, die Zirbeldrüse.

Sie befindet sich genau über dem Nasenbein und zwischen den Augenbrauen. Sie ist der Mittelpunkt einer Intelligenz, über die Sie Ihre bildlichen Vorstellungen empfangen und ausstrahlen.

Ihr drittes Auge ist ständig auf der Suche nach Ereignissen, die sich in Ihrem Körper, in Ihrem Innenleben, ereignen.

Vor allem dann, wenn Sie mit Vorgängen befaßt sind, die sich mit der Außenwelt beschäftigen, sucht Ihr inneres Auge Ihre Körper- und Seelenlandschaft ab. Dies geschieht zumeist von Ihnen unbemerkt. Vor allem dann, wenn Sie abgelenkt sind, im Tagtraum oder im Schlaf, ist Ihr inneres Auge am aktivsten.

Ich möchte Ihnen vorschlagen, dieses innere Auge als eine Art „Leuchtturm“ zu betrachten, ein innerer Leuchtturm, dessen „Feuer“ ständig kreist und in die abgelegensten Ecken und Winkel Ihres Körpers und Ihrer Psyche dringen kann.

Der innere Leuchtturm ist wachsam und intelligent zugleich. Er weist uns ständig und ganz behutsam auf unsere Lebensmöglichkeiten und Bewältigungen einer Krise, einer Krankheit hin. Er ist auch eine Art inneres Gewissen.

Durch ihn können wir uns ebenfalls spüren lassen, daß uns etwas abhanden gekommen ist, daß uns etwas fehlt, oft schon lange Zeit, bevor ein Leiden oder eine Krankheit uns vermeintlich urplötzlich zu schaffen machen.

Eine Sucht hängt nicht nur sprachlich mit „Suchen“ zusammen. Ist es nicht so, daß suchtgefährdete Menschen, in Ihrem Leben ständig auf der Suche sind, bei ihr jedoch zu früh innehalten und so auf einer Ersatzebene „hängen“ bleiben? Jeder Mensch befindet sich letztlich auf einer Irrfahrt und wird dabei zu unterschiedlichsten Häfen der Seele verschlagen. Wir alle haben in unserem Leben zeitweise in irgendeiner Form unsere Suchtmittel, mit denen wir uns zu betäuben suchen. Vielen gelingt es, sich rechtzeitig zu lösen, bevor die Sucht die Oberhand gewinnt und ohmächtig macht. Diese Menschen suchen sich neue Aufgaben und Ziele, da sie irgendwann erkannten, daß dieser Weg sie in die Irre führte.

Ich möchte Ihnen vorschlagen, nicht auf der Stelle zu treten, sondern unterwegs zu sein und Ihr Leben als innere Reise zu begreifen. In Ihrem Reisegepäck wünsche ich Ihnen Neugier, Zuversicht und Hoffnung.

Ich lade Sie nunmehr dazu ein, mit Ihrer Aufmerksamkeit und womöglich mit Ihrer ganzen Gestalt ein erstes Mal Ihren „inneren Leuchtturm“ zu betreten und sich dort auf eine ganz besondere Suche zu begeben.

Sie werden bestimmt erstaunt und überrascht sein, welch einen guten Überblick Sie von dort aus besitzen. Sie können sich in Ihrem Innenreich möglicherweise Dinge suchen und finden lassen, die schon lange in Ihnen schlummern, aber erst jetzt durch den vollen Schein Ihres inneren Leuchtturms geweckt und in das rechte Licht gerückt werden.

Stelle dir bitte vor ... du befindest dich ... mit deiner ganzen Gestalt ... in deinem inneren Leuchtturm ... ganz oben in der Kanzel ... von hier aus hast du einen guten Überblick ... und ... fühle dich dabei ruhig als Leuchtturmwärter ... nur ... daß dieser ganz besondere Leuchtturm nicht auf das Meer ... sondern auf dein Innenleben ... dein Innenreich ... ganz ausgerichtet ist ... und ... vor allem nachts ... dann ... wenn du schläfst ... aber auch tagsüber ... wenn du in dir versunken bist ... streift sein sanfter Schein ... durch deine Räume ... und ... sucht ... und ... wacht ... und ... sucht ... und ... schützt dich vor Gefahren ... damit du nicht scheiterst an den Klippen ... die dein Leben ... gerade dann ... wenn Wind ... und ... Wetter da draußen herrschen ... bedrohen ... und ... gefährden können ... doch hier oben ... in der Kanzel ... ist es ruhig ... und ... still ... und auch ... wenn in dir Spannung ist ... so enthält die Unruhe ... doch Ruhezonen ... kleine Buchten ... und ... auch Häfen ... .in denen sich gut ankern läßt ... stets in sich verborgen ... dies ist gut möglich ... wenn man sie sich finden läßt ... ohne ... auf ein Muß zu warten ... und ... wenn du vor dich schaust ... dort oben in der Kanzel ... so siehst du ... eine Reihe bunter Knöpfe ... Regler ... und Signale ... die du ... in aller Ruhe ... einmal ausprobieren kannst ... wenn du den rechten Knopf einmal drückst ... stelle dir bitte vor ... das Licht geht an ... tagsüber ... denn nachts ... dann ... wenn du träumst ... ist dein innerer Leuchtturm ohnehin ... auf Selbstbetrieb geschaltet ... ohne ... daß du etwas dafür zu tun brauchst ... aber nun ... stelle dir vor ... wie sein warmer Schein durch deinen ganzen Körper flutet ... und ... wenn du sein Feuer noch heller haben möchtest ... so kannst du links am Pult ... den Regler ... ganz nach oben schieben ... und ... ihn aufdrehen ... so ... weit du eben willst ... und ... laß dich bitte spüren ... wie sein Schein ganz intensiv ... und ... kraftvoll wird ... und ... wenn du etwas in deinem Körper ... genauer betrachten möchtest ... so kannst du seinen Strahl auch lenken ... nach oben ... unten ... links ... und ... rechts ... ja ... sogar nach hinten ... wo ja sonst kein Auge ist ... und ... auf diese Art ... und ... Weise ... etwas näher ... fast wie durch ein Mikroskop ... betrachten ... was immer du auch möchtest ... jeden Ort in deinem Körper ... und dann ... wenn du noch weiter gehen möchtest ... auf diesem besonderen Weg ... ganz ohne Worte ... so kannst du dir auch vorstellen ... wie du seinem Schein ... auch eine bestimmte Farbe geben kannst ... rot ... wenn du auf eine rote Taste drückst ... grün ... wenn es die grüne Taste ist ... du weißt schon weiter ... und so ... in allen Farben ... die du kennst ... und dann ... kann der Ort ... der Raum in deinem Körper ... in den der Schein von dir gelenkt ist ... ganz natürlich ... auch diese Farbe annehmen ... für die du dich entschieden hast ... probiere es doch einmal für dich aus ... und ... selbstverständlich kann der Schein auch bleiben ... wo er gerade ist ... für eine Zeit ... die du dir gibst ... du brauchst ja nur den linken Knopf zu drücken ... dann bleibt sein Schein ... an diesem Ort ganz einfach stehen ... so ... daß du Helligkeit genug hast ... um dich auf diesen Raum zu konzentrieren ... auch das probiere bitte einmal für dich aus ... und ... da in deinem Körper ... in deiner ganzen Innenwelt ... ja jeden Augenblick ... die seltsamsten ... und wunderlichsten Dinge ... fast unbemerkt von dir geschehen ... so ist es für dich wahrscheinlich gar nicht überraschend ... daß du selbst ... mit deiner ganzen Gestalt ... wenn du es möchtest ... auf dem Schein des Leuchtturms ... herunterrutschen kannst ... um so auf diese bequeme Art ... und ... Weise ... jederzeit zu einem Ort in deiner Innenwelt zu kommen ... egal ... wohin du möchtest ... vielleicht zunächst einmal zu einem Raum ... in deinem Körper ... wo du dich gut anfühlst ... vielleicht ein anderes Mal ... dorthin ... wo die Freude in dir zu Hause ist ... oder ... vielleicht dorthin ... wo du Neugierde in dir vermutest ... und dann ... ein anderes Mal ... an einen bestimmten Ort ... dorthin ... wo du schon immer hingelangen wolltest ... aber es ... auf diese Weise ... so wohl nicht gedacht hast ... auch das kannst du dich ruhig einmal sehen lassen ... aber nun ... bitte ... drücke doch ... für dieses Mal ... wiederum den rechten Knopf ... du weißt ... der Schein geht aus ... und ... stellt sich ... wenn du schläfst ... von selbst ein ... und ... wenn dein drittes Auge nun für eine kleine Weile ... ausgeschaltet ist ... öffne nun die anderen beiden ... und bitte ... richte deinen Blick nun auf das ... was immer dich umgibt.

Finden. Das Haus der Gesundheit

Wir sind es so gewohnt: Ereilt uns eine Krankheit, bei der der Arzt mit seinen Mitteln überfordert ist, weist er uns in ein Krankenhaus ein. Das ist ein merkwürdiger Name für ein Haus, in dem wir doch gesund werden möchten.

Wenn es schon in der Realität kein Gesundheitshaus gibt, möchte ich Ihnen vorschlagen, sich wenigstens in Ihrer Phantasie ein „Haus der Gesundheit" finden zu lassen.

In diesem Gesundheitshaus gibt es, wie in fast jedem Haus, Räume, Flure, Fenster, Türen, Treppen, Keller und einen Speicher.

Sie können sich dort umschauen und sich dort alles suchen und finden lassen, was Sie brauchen, um gesund zu bleiben oder zu werden.

Bei Ihrem Suchen und Finden werden Sie in Ihrem Haus der Gesundheit womöglich gar einem Arzt begegnen, dem Sie sich ganz anvertrauen können und der Ihnen, auf seine Art, Trost, Kraft und Hilfe spendet.

Falls Sie dieses besondere Haus jedoch nicht finden sollten, so können Sie es sich natürlich auch selbst erbauen.

Haben Sie noch niemals ein Haus errichtet, so möchte ich Sie darauf aufmerksam machen, daß Sie in Ihrer Phantasie praktisch alles können. Sie können in Ihrer Phantasie schwimmen, obwohl Sie es vielleicht nie gelernt haben. Sie können tauchen, auch, wenn Sie noch nie getaucht sind.

Natürlich können Sie auf diese Art und Weise auch ein Haus errichten und so ganz auf Ihre besonderen Wünsche und Bedürfnisse achten.

Wenn Sie damit fertig sind, treten Sie ein und schauen Sie sich bitte um, ob alles so ist, wie Sie es sich nur wünschen. Natürlich können Sie es von Zeit zu Zeit auch in Ihrer Phantasie umbauen und immer wieder neu gestalten.

In diesem „Haus der Gesundheit" können Sie sich auch – mit etwas Übung und mit Phantasie – vieles wiederfinden lassen, von dem Sie glaubten, es vielleicht schon längst verloren zu haben. Das kann Neugier, Freude oder Hoffnung sein. Das können Menschen sein, die Ihnen früher einmal viel bedeuteten, die Sie aber im Lauf der Zeit aus den Augen verloren.

Das kann einfach alles sein, was Sie auf Ihrem Weg weiterführt, gut für sich zu sorgen, sich wohlzufühlen und gesund zu sein.

Dies ist ein ganz besonderes Haus ... das du dich ... in deiner Phantasie ... finden läßt ... oder neu erbaust ... als wärst du Architekt ... Maurer ... und ... Zimmermann in einem ... das Haus kann rund ... eckig ... aus Glas ... aus Holz ... aus Marmor sein ... viele Fenster ... Türen ... oder wenig haben ... es kann groß ... und hoch ... auch klein ... und ... niedrig sein ... ganz wie du willst ... und ... wie deine Phantasie es findet ... oder ... baut ... und ... wenn es steht ... und ... halbwegs fertig ist ... so achte bitte auf den Ort ... wo es wohl stehen soll ... in einem Wald ... auf einem Feld ... steht es am Wasser ... an einem Fluß vielleicht ... oder ... besser doch am Meer ... steht es tief im Tal ... oder oben im Gebirge ... auch kann es sich befinden ... dort ... wo du lebst ... oder doch in einem fernen unbekannten Land ... und nun ... bitte ... tritt ein ... und ... schaue dir die Flure an ... die Räume ... ist schon alles angeschlossen ... gibt es Heizung ... Strom ... und Wasser ... welche Farben nimmst du gerne ... um die Wände anzustreichen ... wie fühlt sich der Boden unter deinen Füßen an ... wieviele Zimmer gibt es dort ... das kannst du rasch erfahren ... wenn du durch die Räume gehst ... wieviele Fenster ... Türen ... Treppen läßt du dich wohl finden ... ist oben auch ein Speicher ... wo du Dinge der Vergangenheit bewahrst ... und ... gibt es vielleicht Kellerräume ... wo du Mittel aufbewahrst zum Leben ... oder ... sogar Hobbyräume ... wo du ... ganz versunken in dir selbst ... alles das tun kannst ... was dir zusagt ... und ... was in deinem Alltag ... sonst vielleicht zu kurz kommt ... und ... weiter noch ... sind Menschen hier ... die dich umsorgen ... mit denen du sprechen ... spielen ... Tag ... und ... Nacht verbringen kannst ... oder ... bist du lieber ... ganz mit dir alleine ... was fehlt sonst noch ... öffne auch die Schränke ... und ... Kommoden ... und ... schau nach ... was sich hier wohl alles finden läßt ... um dich gut zu fühlen ... und ... es dir kaum an etwas fehlt ... und ... wenn du weiter suchst ... ist in diesem ganz besonderen Haus ... ob oben ... oder ... unten ... nicht auch ein doppelter Boden ... oder ... eine geheime Tür ... von der nur du weißt ... und ... die sonst niemand kennt ... es würde mich nicht wundern ... und ... was immer du gefunden hast ... bitte ... schau dich noch einmal um ... ob nicht auch ein Raum sein kann ... der immer ... wenn du Ruhe brauchst ... und ... Auszeit nehmen möchtest ... dir ganz alleine ... zur Verfügung steht ... und ... wenn du einen solchen Raum dich auch hast finden lassen ... dann richte ihn doch ganz gemütlich für dich ein ... mit allem ... was dir Freude bringt ... und ... Wohlergehen ... hierhin kannst du immer kommen ... um neuen Mut ... um neue Kraft zu schöpfen ... hier trittst du immer ein ... wenn eine Sorge auf dir lastet ... hier bist du sicher vor Gefahren ... und ... kannst dir ein Problem in Ruhe ... und ... auf deine Weise lösen ... vielleicht ... gelehnt an einen Kachelofen ... oder ... vor dem offenen Kamin ... ganz ... wie du möchtest ... und ... dir deine Phantasie es malt ... hier kannst du vielleicht auch ... von Zeit zu Zeit ... deinen Arzt empfangen ... der dich so behandelt ... wie du es dir nur wünschen kannst ... und nun ... kannst du ... bitte ... auf eine ganz besondere Weise ... wieder aus dem Raum gelangen ... indem du dort die Türe öffnest ... und ... wenn du über ihre Schwelle trittst ... ganz einfach ... hier ankommen ... wo du sitzt ... oder ... liegst ... und ... träumtest ... von deinem Haus ... wo du gesund sein kannst.

Meine Fragen an Sie:

- Ist nicht unser ganzes Leben ein einziges Suchen und Finden?
- Wenn Sie sich auf eine innere Suche begeben: Was fehlt Ihnen ganz besonders?
- Auf was könnten Sie auch gut verzichten?
- Möchten Sie Ihrem Haus der Gesundheit einen Namen geben?
- Heißt suchen nicht auch, sich dabei zu verlieren und sich auf eine andere Art wiederzufinden?
- Was möchten Sie in Ihrem Leben – im vollen Schein des Leuchtturms – einmal in einem anderen Licht betrachten?

- Was möchten Sie gerne aufgeben oder verlieren?
- Wer sind Sie? Was wollen Sie?
- Möchten Sie sich noch einmal das Bild Ihrer „Waage der Gesundheit" vorstellen und nachschauen, ob noch etwas ganz Wichtiges fehlt, was Sie dann gleich in die rechte Waagschale legen können?
- Können Sie sich zeitweise fallenlassen, ohne sich dabei kontrollieren zu müssen?
- Können Sie sich etwas finden lassen, was Ihnen richtig gut an Ihnen gefällt, etwas, worauf Sie besonders stolz sein können?

Raum und Zeit für Fragen ganz nach Ihrer Art:

Stellen Sie sich bitte vor,

- Ihr innerer Leuchtturm hilft Ihnen auch dabei, Viren und Krankheitserreger aufzuspüren.
- Sie geben in Ihrem „Haus der Gesundheit" einen Empfang oder ein Fest für Menschen, die Ihnen auch in schweren Zeiten zur Seite standen.
- daß Sie, wenn Sie keinen Schlaf finden können, dort ein besonderes Zimmer mit einem Himmelbett vorfinden, wo Sie sich richtig einkuscheln können.
- in Ihrem Gesundheitshaus befindet sich im Badezimmer eine Lichtdusche, unter der Sie Ihre Schmerzen lindern können.
- Sie können das Licht Ihres „inneren Leuchtturms" zu einem Laserlicht bündeln, das in seinem Licht Schmerzen und Krankheitserreger „schluckt".
- Sie finden in Ihrem Gesundheitshaus ein Zimmer der Freude, ein Zimmer der Gelassenheit und ein Zimmer der Hoffnung.

Raum und Zeit für innere Bilder ganz nach Ihrer Art:

Ich wünsche Ihnen,
daß das Bild des „inneren Leuchtturms" Ihnen dazu verhilft, körpereigenen und seelischen Prozessen vielleicht größere Aufmerksamkeit zu schenken als bisher.

Sie haben nun eine Möglichkeit mehr gefunden, nach innen zu schauen.

Falls Sie sich mit diesem Bild des inneren Leuchtturms anfreunden sollten, können Sie später mit dem Licht des Leuchtturms eine „innere Heilung" durchführen. Dies ist bei ausgeprägter Phantasie und einiger Übung durchaus möglich.

Eine Bitte habe ich jedoch noch an Sie: Gehen Sie mit Ihrer Aufmerksamkeit zunächst noch *nicht* in Organbereiche, die Sie als Ihre Problemzonen kennengelernt haben. Dies könnte zunächst eine Verschlimmerung des Leidens nach sich ziehen. Insbesondere gilt dies für das Atemsystem, die Bronchien sowie für das Herz. Es könnte – für eine gewisse Zeit – aus dem Rhythmus kommen.

Ich wünsche Ihnen ferner, daß Sie öfters die Gelegenheit nutzen, Ihr „Haus der Gesundheit" aufzusuchen. Sie allein besitzen den Schlüssel für dieses wunderbare Haus und entscheiden, wen sie ein- und wen Sie außen vor lassen.

Vielleicht gestatten Sie sich auch, an diesem Ort vieles zusammenzutragen, zu sammeln, was Ihnen gefällt und von dem Sie gerne umgeben sind.

Möglicherweise können Sie sich in diesem Haus vieles finden lassen, von dem Sie glaubten, es sei längst verloren und vergessen.

Suchen Sie am rechten Ort zur rechten Zeit, so läßt sich vielleicht auch dort Ihre Gesundheit wiederfinden, welche Gestalt sie in der Vergangenheit auch immer angenommen und welchen Schatten die Krankheit und Schmerzen auch immer auf Ihr Leben geworfen haben mögen.

Versorgen und entsorgen

Versorgen. Sternenelfe

In unserer Gesellschaft ist die Sorge um das tägliche Brot, um Essen und Trinken, in der Regel nicht das größte Problem. Die meisten Menschen haben genug davon. Wir können unseren Körper bequem mit dem versorgen, was er benötigt. Was in unserer Nahrung an Vitaminen, Spurenelementen fehlen sollte, können wir ihm mittlerweile bequem in Form von Tabletten und Säften zuführen.

Was unserem Körper sonst noch fehlt, verschreibt der Arzt. In den Medizinschränken mancher Haushalte lassen sich große Mengen verschiedener Tabletten, Pillen und Heiltropfen finden.

Doch ich meine, das reicht nicht aus. Es ist nicht genug.

Wir Menschen brauchen noch mehr als Nahrung, Medikamente, Schlaf und Arbeit.

Wir benötigen auch Geschichten, Sagen und Märchen, kleine Wunder und Geheimnisse, die sich sowohl in unserem Alltagsleben, aber auch in unserem Innenreich ereignen können, wenn wir nur unserer Phantasie erlauben, uns auch damit zu versorgen.

Gerade die Phantasie kann uns ungeahnte Möglichkeiten, Fähigkeiten und Fertigkeiten erschließen, über die wir Menschen, zumindest in der Kindheit, alle verfügten; innere Schätze, von denen wir im Erwachsenenalter vielleicht noch nicht einmal zu träumen wagen.

Wir können das „Schlaraffenland" unserer Phantasie immer wieder aufsuchen, wenn wir spüren, daß uns etwas Wesentliches fehlt.

Geschichten begleiten unser ganzes Leben. Märchen sind natürlich auch Geschichten, die viele Menschen nur aus Ihrer Kindheit kennen.

Erinnern Sie sich doch ruhig noch einmal an die Zeit, als Sie klein waren, ein Junge oder ein Mädchen.

Haben Ihre Mutter oder Ihr Vater sich damals ans Bett gesetzt und Ihnen eine Gutenachtgeschichte erzählt, vielleicht eine Geschichte, die bereits die Mutter Ihrer Mutter vorgelesen hat? Märchen können nämlich auf eine lange Erzähltradition verweisen.

Oder haben Sie sich immer Ihre Geschichten selbst erzählt oder erträumt?

Märchen werden in unserer Kultur ja meistens Kindern vorgelesen.

Dabei sind Märchen Geschichten, die eigentlich für Erwachsene erzählt wurden. Märchen sind auch eine Art von Phantasiereisen. Sie sprechen in Bildern und Symbolen zu uns. Ihre Verwandten sind Träume, Sagen und Mythen. Die Handlung spielt meistens in einer wundersamen Welt, wo Tiere sprechen können, wo es gute und böse Geister, Hexen, Zauberer und Feen gibt, märchenhafte Lösungen und Wandlungen möglich sind, die wir für undenkbar hielten.

Kinder glauben an diese Gestalten noch ganz fest, auch, wenn das Fernsehen mittlerweile viele Geheimnisse entzaubert hat, weil es vorgefertigte Bilder anbietet, die nicht erst im Kopf, in der Tiefe der Seele „gemalt" werden müssen.

Die eigenen Märchen des Lebens, die selbst entworfenen inneren Bilder sind es jedoch, die uns fehlen, die uns heilmachen können. Im Märchen werden Probleme oft durch einfache überraschende Wendungen lösbar. Immer wieder gibt es Wandlungen, die auf die Zukunft verweisen und uns neue Kraft, neuen Mut schöpfen lassen.

Ich bin Menschen begegnet, die meinen, das ganze Leben sei ein Märchen. Und ist unser eigener Gang durch die Welt, durch unser Leben nichts anderes als eine große Geschichte mit vielen Kapiteln und Absätzen? Eine Geschichte, durch die sich immer wieder viele rote Fäden ziehen, auch wenn wir dies noch gar nicht sehen können, weil wir noch nicht den nötigen Abstand zu ihr haben.

Sind nicht Geschichten vom Leiden, vom Fürchten, von der

Angst diejenigen, die uns letzten Endes dabei halfen, diese Gefühle zu überwinden?

Manches Mal wünsche ich mir, im Alter als „weiser" Mensch, Kindern Märchen erzählen zu dürfen, Geschichten von kleinen Geheimnissen und Wundern, die sich um mich herum und in mir zugetragen haben.

Da ich noch nicht alt und erst recht nicht weise bin, möchte ich wenigstens Ihnen in diesem Kapitel zwei Märchen erzählen, die von einer Elfe und einer Meerjungfrau handeln.

Die Gestalt der Elfe, der Sie natürlich ihren ganz persönlichen Namen geben können, begleitet Sie auch später noch in weiteren Phantasiereisen. Ich nenne Sie vorerst „Sternenelfe".

Vielleicht möchten Sie sie als eine Art Schutzengel annehmen. Sie kommt immer dann zu Ihnen, wenn Sie sie brauchen und sie rufen.

Bitte sorgen Sie nur dafür, daß es still sein kann in Ihrem Raum; die Elfe und ihre Geschwister könnten sonst vielleicht Ihre innere Stimme zunächst überhören.

Und nun ... laß bitte das Bild eines Gartens in dir aufsteigen ... eines tropischen Gartens ... in einer lauen Mittsommernacht ... der Mond scheint voll ... und ... taucht die Landschaft in ein angenehmes ... goldfarbenes Licht ... die Luft ist warm ... und ... weich ... fast wie zum Greifen ... und nun ... erlaube dir bitte ... dich von der Atmosphäre um dich herum ... einfach verzaubern zu lassen ... wenn alles irgendwie deutlicher ... und ... klarer hervortreten will ... wie vieles vielleicht ... ruhiger ... vielleicht ... tiefer ... in dir wachsen kann ... mit der Zeit ... wenn du dich ausstreckst ... auf weichem Moos ... so angenehm ... die Weichheit ... die dein ganzer Körper spüren kann ... wenn du so ausgebreitet liegst ... auf dem Moos ... angenehm ... und ... losgelassen ... so ... daß du nichts zu tun brauchst ... als unter dem Sternenzelt zu liegen ... lang ... und ... breit ... ein Zelt ... das dich beschützen kann ... und ... über dir der funkelnde ... und ... blinkende Abendhimmel ... so weit ... und ... doch so nah ... als ob er dir etwas mitteilen ... so ... als ob etwas zu dir kommen möchte ... auf eine besondere Weise

... und ... vielleicht erlaubst du dir einfach ... noch einmal ... an diesem Ort ... deine Augen zu schließen ... und ... auch den Garten ... die ganze Atmosphäre ... die ruhige ... friedvolle Stimmung ... mitzunehmen ... in deinem Tiefersinken ... auf weichem Moos ... in deinem Traum ... so ... daß du träumen ... und ... gleichzeitig wach ... und ... aufmerksam sein kannst ... für alles das ... was da zu dir kommen möchte ... du ahnst ... etwas Angenehmes ... etwas Besonderes ... nur für dich ... in deinem Schlummer ... und ... du weißt ... daß du mit deiner Aufmerksamkeit ... jederzeit zurückkehren kannst ... an diesen Ort ... in deinen Garten ... wenn angstmachende Gefühle ... oder ... Bilder dich erreichen sollten ... und ... du spürst ... daß aus der Ferne ... etwas zu dir kommen will ... ganz zart ... ganz leicht ... wie ein Flüstern ... ein Wispern ... und ... Raunen ... eine feine ... leise Bewegung in der Luft ... du spürst es einfach ... eine Ahnung ... ein Gefühl ... und bitte ... laß dich sehen ... oder ... spüren ... wie ein Geschenk ... eine kleine Elfe ... ganz sanft auf deinem Brustkorb landet ... und ... dich freundlich anlächelt ... und ... dir zuwinkt ... und ... wenn die Elfe sich bewegt ... schwingen ganz kleine ... silberne Glöckchen mit ... ganz zart ... und silbrig klingen sie ... wenn sie sich anmutig bewegt ... und ... du siehst ... oder ... fühlst ... und ... staunst dabei ... wie die Elfe ... auf einmal ... zu einer kleinen bunten Wolke wird ... die du ganz bequem ... durch deinen Mund ... .einatmen kannst ... durch deinen halb geöffneten Mund ganz einfach einatmen kannst ... und ... in deinem Körper nimmt die Elfe wieder ihre ursprüngliche Gestalt an ... und ... summt ... und ... schwirrt nun durch deinen ganzen Körper ... denn du weißt ... dein Körper ist ein System aus Höhlen ... und ... aus Grotten ... die Wände sind jedoch nicht aus Stein ... sondern aus rosafarbenem Fleisch ... so ... wie dein Mund ... und ... überall hin surrt ... und ... schwirrt nun die Elfe ausgelassen ... und ... bei jeder ihrer Bewegungen ertönt ein zartes ... silbriges Klingeln ... und ... überall dort ... wo es klingelt in deinem Körper ... wird es freundlich in dir ... und ... hell ... und warm ... und auch ... wenn die Elfe schon an einem anderen Ort ist in dir ... in deinem Körper ... so bleibt doch die Helligkeit da ... und die feine Bewegung ... und ... bitte spüre einfach in dich

hinein ... wie so vieles in dir ... vielleicht freundlich ... heller ... und ... weicher ... werden kann ... wie du auf diese zauberhafte ... und ... angenehme Art ... und ... Weise ... gut versorgt wirst ... .und dort ... wo es besonders eng ... und da ... wo es besonders dunkel ... und ... finster ist ... in deinem Körper ... dort ... wo du dich öfters verspannt anfühlst ... und ... vielleicht Schmerzen hast ... dort streut ... und schüttelt die Elfe ... viele ... viele ... kleine freundliche Sternchen aus ... die sie am Himmel ... nur für dich gesammelt hat ... auf die dunklen ... harten Stellen in dir ... und ... laß dich doch einfach spüren ... wenn sich vieles in dir soviel weicher ... und heller ... und freundlicher ... anfühlen kann ... wenn so viele Sternchen in dir ausgestreut wurden ... und nun ... funkeln ... und ... blitzen ... und blinken ... in dir ... dein ganzer Körper ... fast so ... wie ein Gefäß ... mit vielen ... vielen funkelnden Sternchen ... und ... laß dich einfach spüren ... wie die Elfe ... der du auch einen Namen geben kannst ... in deinem Körper singt ... und ... tanzt ... und ... du ihr mit glänzenden Augen zuschaust ... wie sie sich zum Rhythmus der Musik wiegt ... und ... dir zulächelt ... und ... vielleicht ... kannst du auch in dir ... einfach mitlächeln ... und ... die Melodie mitsingen ... oder ... mittanzen ... in deinem Körper ... wenn so vieles in dir ... sich einfach fließender ... geschmeidiger ... anfühlen will ... und ... so vieles in dir sich zusammenfindet ... und ... mitschwingen kann ... zu einer einzigen Melodie ... die vielleicht dein ganzer Körper mitsingen kann ... und ... wenn du noch einen kleinen Schritt weiter gehen möchtest ... in deiner Phantasie ... so kannst du auch ausgelassen feiern in dir ... in deinem Körper ... in deinem ganzen Innenreich ... vielleicht an einem Ort ... wo du dich besonders gut anfühlst ... feiern kannst ... mit einer neuen Bewegung ... mit einer neuen Leichtigkeit ... und ... Fröhlichkeit ... und nun ... was immer du gesehen ... erlebt ... gefühlt haben magst ... alles dies ... atme nun bitte die Elfe ... wieder als bunte Wolke aus ... ganz nach deiner Art ... und ... schaue zu ... oder ... spüre ... wie sie gleich wieder ihre Elfengestalt annimmt ... und ... auf deinen Brustkorb schwirrt ... und ... dir wieder einmal ... freundlich zulächelt ... und ... du kannst dich ... bei deiner Elfe ... für dieses Mal bedanken ... daß so vieles in Bewegung gekommen ist ... sie kann ja wiederkommen ... .denn du spürst ... daß diese besondere Elfe dich mag ... dich annimmt ... auf ihre Art ... und ... schaue zu ... wie sie wieder zu ihrem Elfensee schwirrt ... und ... dir im Flug noch zuwinkt ... und du ... ist nicht so vieles in dir anders geworden ... einfach klarer ... und ... leuchtender ... einfach freier ... und ... fließender ... so ... daß du gleich in deinem Moosbett wieder die Augen aufschlagen kannst ... und dann ... wenn du die Augen aufschlägst ... so ist es früher Morgen ... der Elfensee liegt wie blank geputzt vor dir ... hat du gewacht ... hast du geträumt ... und ... wieviel Zeit ist wohl vergangen ... doch du weißt ... es ist nun wieder an der Zeit ... dir die Augen zu reiben ... dich zu recken ... und ... zu strecken ... und ... gut wieder hier anzukommen.

Entsorgen. Die Meerjungfrau

Unsere Gesellschaft hat es mit der Kunst des Entsorgens bereits weit gebracht. Was übrig, überflüssig oder kaputt ist, das wird – ganz einfach – weggeschmissen. Wozu gibt es Müllbeutel, Mülleimer, Abfallcontainer verschiedenster Art und Größe?

Unser Körper geht mit dem, was wir täglich an Nahrung aufnehmen, umweltschonender um: Er scheidet wirklich nur das aus, was er beim besten Willen nicht mehr braucht oder nicht mehr zu verwerten vermag.

Es ist unerheblich, mit wievielen Vitamintabletten und Mineraldrinks wir uns versorgen: Was zuviel ist, wird ausgeschieden.

Durch eine Überversorgung können wir sogar Schaden nehmen.

Bei falscher, einseitiger Ernährung beeinträchtigen wir langfristig auch die Funktionen unseres Verdauungssystems. Das kann sich dann in zeitweiliger oder chronischer Darmträgheit äußern.

Menschen, die daran leiden, tun sich wohl schwer damit, etwas von sich herzugeben.

Eine hektische, ganz auf Leistung hin orientierte Lebensführung kann die ansonsten sorgfältig abgestimmten und ausgewogenen Darmfunktionen auf eine andere Weise „durcheinander bringen". Der Darminhalt wird mit zuviel Flüssigkeit angereichert, so, daß er, im wahrsten Sinne des Wortes, einfach durchfällt.

Nahezu jeder Mensch hat die Erfahrung gemacht, daß er bei Streß, Aufregung und Ängsten unter Durchfall leidet.

Schwerwiegendere Darmstörungen gehen mit Entzündungen einzelner Darmteile einher: die Kolitis ulcerosa sowie die Chronsche Erkrankung. Für diese Erkrankungen ist typisch, daß sie in Schüben verlaufen. Zum Zeitpunkt eines Schubes ist der Stuhl eitrig und blutig. Die Ursachen und Therapieformen beider Erkrankungen sind noch weitgehend unerforscht.

Ganz sicher ist jedoch auch hier, daß nicht nur der Darm, sondern der ganze Mensch erkrankt ist, der Körper und die Seele.

Nachdem Sie Bekanntschaft mit einer Elfe gemacht haben, möchte ich Ihnen noch ein anderes Fabelwesen vorstellen: eine Meerjungfrau oder eine Nixe, ganz wie Sie wollen. Anders als die kleine Elfe, die Sie sich immer von ihrem Elfensee herbeiwünschen möchten, wenn Sie ihre Hilfe benötigen, stellen Sie sich bitte vor, daß die Meerjungfrau in Ihrem Körper lebt und sich vorwiegend in Ihrem Verdauungssytem aufhält. Allein schon durch ihre fließenden und gleitenden Bewegungen kann sie Darmträgheit überwinden helfen.

Bei wässrigem Stuhl lenkt sie das überflüssige Wasser auf natürliche Weise in Überlaufbecken oder in Seitenkanäle.

Auch kann Sie Entzündungen des Darmtrakts glätten und salben.

Wie Sie gleich selbst feststellen können, ist sie blitzgescheit und überdies humorvoll.

Sie wissen bestimmt, daß eine optimistische Lebenseinstellung, Humor und herzliches Lachen die beste Medizin sind, die wir uns nur denken können.

Vielleicht können Sie später einmal die Meerjungfrau in Ihrem Körper aufsuchen und, mit ihr zusammen, fröhlich sein und herzlich lachen.

Stelle dir vor … in deinem Körper leben Fabelwesen … die für dich sorgen … dich hüten … schützen … und … vor Krankheiten bewahren … du kennst die kleine Elfe schon … und … wenn du die Augen schließt … und … dich einfach fallen läßt … so kommt es nicht auf Logik an … die … natürlich auch … auf ihre Art … dich schützt … und … nährt … aber … im Traum herrscht eine andere Ordnung … die du nur erfahren … und … für dich begreifen kannst … wenn du nach innen schaust … und dort … der Phantasie die Tore öffnest … und … dieses Mal … schlage ich dir vor … es lebt dort eine Meerjungfrau … die durch deinen ganzen Körper schwimmt … natürlich besteht auch er aus Flüssen … und … Kanälen … und … immer … wenn sie aufwacht … diese Meerjungfrau … aus ihren Märchenträumen … nimmt sie ihre Silberflöte … und spielt auf ihr … die schönsten … wunderbarsten Melodien … die durch deinen ganzen Körper schwingen … und … so kann es diesmal sein … wie schon so oft zuvor … auch … wenn du es sonst kaum hörst … dieses Mal nimmst du sie deutlich wahr … wenn Ohr … und … Auge … immer mehr … nach innen lauschen … und die Welt da draußen … einfach draußen bleiben kann … vielleicht kann dir der Leuchtturm helfen … wie er fleißig … und … wie immer zuverlässig … seinen Schein auf sie ausrichtet … auf die Meerjungfrau … der … du einen Namen geben kannst … wenn du es möchtest … und … sie dort beleuchtet … wo sie gerade ist … laß sie dich sehen … vor deinen Augen … wie sie im Schein des Lichts … die Flöte spielt … und … sie mit flüssigen Bewegungen … durch die Flüsse … Bäche … und Kanäle … deines Körpers schwimmt … und … dabei ihre Flöte spielt … sie ist so schön … die Melodie … die aus deinem Inneren kommt … daß du fast meinst … sie mitzusingen … und … gleich dir … fühlen andere Gäste … die auch in deinem Körper wohnen …sie kommen angeschwommen … dunkle … schwarze … vermummte … und … verkleidete Gestalten … die Einlaß in dir fanden … obwohl sie dich nicht fragten … Viren … Erreger … fremde Zellen … sie alle folgen diesen Flötentönen … und … schwimmen … im Geleitzug hinterher … wie gut … daß ich da draußen bin … und … jetzt nicht in meinem Körper … magst du mitunter denken … denn manche sehen furchterregend aus ... und ... richtig böse ... doch der kleinen Meerjungfrau können sie nichts tun ... sie führt sie ins Verderben ... denn ... wenn du auf den Strahl des Leuchtturms achtest ... so kannst du schnell erkennen ... daß sie die Schar der bösen Geister ... mit sich nach unten führt ... in deinen Darm ... sie ahnen nichts ... sie schwimmen einfach hinterher ... die schöne Meerjungfrau im Blick ... die Töne gut im Ohr ... so sind sie angelockt ... und ... angezogen ... von Schönheit ... und ... der wundersamen Melodie ... sie haben wohl vor lauter Liebe ... ganz den Kopf verloren ... so ... daß sie nichts halten ... und ... bewahren kann ... auf dem Weg nach unten ... denn die Meerjungfrau ... sie weiß genau ... wohin sie will ... und ... nimmt sie gerne ... im Geleitzug ... mit auf ihrer Reise ... weit ist sie schon geschwommen ... sie ist schon fast am Ziel ... und ... wenn es nicht mehr weiter geht ... der Fluß ist hier zu Ende ... dann öffnet sie das Tor ... nach draußen ... wo so vieles endet ... versteckt sich hier ... versteckt sich da ... sie kennt sich bestens aus ... und ... läßt die schwarze Truppe ... die ganz närrisch ist vor Gier ... einfach aus deinem Körper fallen ... dort ... wo sie ganz natürlich hingehören ... und ... nicht schaden ... und ... wenn der letzte dich für dieses Mal verlassen hat ... so schließt sie diese Pforte ... sie legt die Flöte fort ... und ... kämmt sich dann ihr blondes Haar ... sie winkt dir zu ... du winkst zurück ... und kannst dich so ... für dieses Mal bei ihr bedanken ... verwundert öffnest du die Augen ... ist dir nicht so ... als ob die Melodie in deinem Innern weiterspielt ... ich wünsche es dir von Herzen.

Meine Fragen an Sie:

- Haben Sie der Elfe und der Meerjungfrau schon einen Namen gegeben? Wenn Sie sie bei ihrem Namen rufen, wissen sie, daß sie gemeint sind, kommen sofort und bringen mit, was Sie benötigen.
- Können Sie sich vorstellen, daß Sie sich noch andere märchenhafte Figuren finden lassen, die Sie versorgen und die für Sie Sorge tragen?
- Was schlägt Ihnen buchstäblich auf den Magen?

- Können Sie sich vorstellen, die alte Frau in Ihrem Bilderraum im Brunnen aufzusuchen und sie um Rat zu fragen, was Sie gegen Niedergeschlagenheit und ständige Abgespanntheit wohl unternehmen können?
- Möchten Sie diesen beiden Phantasiereisen jeweils eine Überschrift geben? Wenn ja, welche?
- Haben Sie nicht Lust, selbst einmal ein Märchen, eine Phantasiegeschichte zu schreiben?
- In welchen Situationen haben Sie schon einmal geglaubt, daß Sie einen ganz persönlichen Schutzengel haben, der für Sie sorgt?
- Möchten Sie die Elfe und die Meerjungfrau einmal zeichnen oder malen?
- Können Sie sich vorstellen, dem Leben mehr zu trauen und sich nicht mehr so sehr zu sorgen?
- Fühlen Sie sich gut versorgt?
- Möchten Sie die Sternenelfe auch einmal in Ihr Haus der Gesundheit einladen?

Raum und Zeit für Fragen ganz nach Ihrer Art:

Stellen Sie sich bitte vor,

- daß Sie die kleine Elfe begleiten zu ihrer Elfenkönigin. Sie können dort ein Geschenk entgegennehmen und ihr etwas dafür von Ihnen geben, was Sie nicht mehr benötigen.
- Sie machen sich jeden Morgen eine Viertelstunde Sorgen um alles und jedes. Führen Sie bitte dazu ein Sorgentagebuch, in dem Sie alle Ihre Sorgen niederschreiben. Schließen Sie dann das Buch und wenden sich Ihrem Alltag zu.
- Sie verjagen dunkle Wolken aus Ihrem Leben.
- die Meerjungfrau schwimmt durch Ihren Darm und salbt

ihn mit einer eigens von ihr hergestellten Salbe. So kann sie bei Entzündungen helfen.
- die Meerjungfrau hilft Ihnen bei Darmverstopfung. Sie schöpft aus anderen Stellen Wasser aus Ihrem Körper und gießt es in den Darm hinein.
- Sie vergraben beunruhigende Gedanken.
- Sie wiegen sich als Kind in Ihrem Magen.
- Sie segeln Ihr Lebensschiff aus einer Flaute.
- Sie wollen eine Warze oder einen Altersfleck entfernen. Entziehen Sie der Haut an der betreffenden Stelle alle Nährsubstanzen und Mineralien.
- die kleine Elfe streicht auf Ihre müden Augen Elfentau, den sie am frühen Morgen nur für Sie eingesammelt hat.

Raum und Zeit für innere Bilder ganz nach Ihrer Art:

Ich wünsche Ihnen,
daß Sie die Elfe, die Meerjungfrau und auch noch andere Fabelwesen in Ihren Alltag einladen. Auch dadurch können Sie ihn phantasievoll, bunt und lebendig gestalten.

Wenn Sie als Kind an gute Geister, Hexen, Zauberer, Feen und Nixen geglaubt haben, so hat das doch sicher seinen guten Grund gehabt.

Kann es nicht auch schön sein, im Erwachsenenalter gelegentlich in die kindliche Welt des Staunens und Wunderns einzutauchen?

Ich habe das Gefühl, daß die Wissenschaft und auch die Medien uns ein Geheimnis nach dem anderen entzaubern und uns nur noch wenig übrigbleibt von einer Welt des Staunens und der Aura des Geheimnisvollen.

Die Wissenschaft stützt Ihre Ergebnisse letztlich nur auf das, was gegenwärtig für sie beobachtbar und meßbar ist. Mit ihren

Mitteln wird sie sicherlich keine Elfen, Meerjungfrauen, Zauberer, Heinzelmännchen, Engel oder Nixen finden.

Und doch: Diese Fabelwesen sind in uns und umgeben uns durch eine jahrtausendealte Tradition des Märchen- und Geschichtenerzählens, die von Generation zu Generation weitergegeben wird.

Dadurch leben sie und werden – hoffentlich – immer weiterleben; vor allem durch unsere Phantasie.

Wer aufmerksam und empfänglich ist für feine leise Schwingungen und nicht nur an das glaubt, was er sieht, kann sich eine unendlich reiche Welt vorstellen und sie sich auch finden lassen.

Ist der letzte Wald gerodet, gibt es keine Elfen mehr.

Gibt es keine Elfen mehr, stirbt auch der Mensch.

Einatmen und ausatmen

Einatmen und ausatmen. Die Farbenbrücke

Die Atmung ist die grundlegende Funktion Ihres Körpers. Ohne sie versagen alle anderen seiner zahlreichen Systeme.

Die Atmung ist die erste innere, der Selbsterhaltung dienende Funktion, die Ihr Körper vollzieht, wenn Sie geboren werden. Deshalb wird die Atmung als so selbstverständlich hingenommen, weil sie von Anfang an da war.

Das polare Grundprinzip des Lebens, der unaufhörliche Wechsel zwischen Spannung und Entspannung, zwischen Kommen und Gehen, Werden und Vergehen, Nehmen und Geben ist im Atemvorgang deutlicher als bei jeder anderen Funktion des menschlichen Organismus. Sie erfahren es unmittelbar im rhythmischen Geschehen: Im aktiven Einziehen der Luft als Spannung und beim eher passiven Entweichenlassen der Luft als Entspannung.

Dabei ist der Atmungsvorgang zum einen ein autonomes, vom Willen völlig abgekoppeltes Geschehen. Zum anderen kann die Atmung aber auch willkürlich vom Bewußtsein beeinflußt werden.

So können Sie Atemfrequenz, Atemgröße und Atemtypus ganz bewußt steuern.

Allein auf Ihren Körper bezogen, ist das zentrale Geschehen beim Atmen der Austauschprozeß: Durch die Einatmung wird der in der Luft enthaltene Sauerstoff den roten Blutkörperchen zugeführt, beim Ausatmen geben Sie das, aus der Verarbeitung des Sauerstoffs entstandene, Kohlendioxyd wieder in die Außenwelt ab.

In unserer überzivilisierten und lebensfern gewordenen Welt vergessen wir die umfassende Bedeutung des selbstverständlich vor sich gehenden Atemprozesses häufig oder wir betrachten sie gar als unwesentlich. Dabei kann jedermann, der einmal nur wenige Wochen lang bewußt und intensiv geatmet hat, in eigener Erfahrung feststellen, welche positiven Auswirkungen das für den gesamten Organismus haben kann.

Schließlich wird die Atmung noch von Ihren Gefühlen begleitet. Alle unsere Gemütsbewegungen finden mehr oder weniger deutlich ihren Ausdruck in unserer Atmung. Auf das Seelische in Ihnen bezogen, verbinden Sie durch Ihr Atmen Ihr Selbst mit der Spontaneität des Lebens. Sie werden quasi geatmet, bevor Sie atmen. Jede Ihrer gefühlsmäßigen Reaktionen verändert unmittelbar ganz selbstverständlich Ihr Atmungsmuster.

Je mehr sie sich selbst gedanklich kontrollieren, desto mehr beeinträchtigen Sie die Spontaneität Ihres Atmens.

Wenn Sie plötzlich überrascht oder geängstigt sind, ziehen Sie sofort Luft ein und halten sie an. Das ist eine spontane Reaktion Ihres Organismus. Ihr Atem wird genau lange genug unterbrochen, um Ihren Körper für Flucht oder Angriff vorzubereiten. Wenn Sie sich zu bewegen beginnen, atmen Sie weiter.

Anders ist es, wenn Ihr Kopf reagiert. Ihr Körper fährt fort, auf Sorgen und Ängste zu reagieren, die sich Ihr Kopf ausdenkt. Auf diese Weise halten Sie sich selbst fest in einem Stadium von Angst und Spannung. Sie halten die Luft an. Das nährt in Ihnen die Illusion, festzusitzen und unter Kontrolle zu sein.

Um in der Lage zu sein, die Kontrolle Ihres Kopfes aufzugeben, ist es wichtig, zunächst einmal die Luft nach außen strömen zu lassen. Wenn Sie ausatmen, entladen Sie dadurch verbrauchte Energie und spüren Erleichterung.

Atmen Sie dagegen ein, füllt sich Ihr Körper mit neuer Energie und Sie können so viel besser loslassen.

Leben und Wachsen finden im Austausch dieser Gegensätzlichkeiten statt. In der Erscheinung sind es zwei Komponenten, die eine Einheit bilden.

Allein für sich sind sie nichts.

Sie können jedoch nicht nur ein- und ausatmen. Sie können Ihren Ein- und Ausatem auch senden. Mit dem Einatmen können Sie beispielsweise die Ruhe und die Kraft des Meeres in sich hineinströmen lassen. Mit dem Ausatmen fließen Unruhe oder anderes Störendes aus Ihnen heraus und können sich in der Weite der Welt lösen.

In der nächsten Phantasiereise „Die Farbenbrücke" möchte ich Sie dazu ermuntern, alles das auszuatmen, was Krankheit und Schmerzen fördert und alles das einzuatmen was gut ist für Ihre Gesundheit.

Laß dich bitte sehen ... und ... auch spüren ... wie du dich im Haus deiner Gesundheit befindest ... und dort ... in einem ruhigen Raum ... in einem Schaukelstuhl sitzt ... und ... wenn du wieder einmal angekommen bist ... in deiner Innenwelt ... so laß dich bitte spüren ... fühlen ... und ... erleben ... wie du mit deiner ganzen Aufmerksamkeit ... mit allen deinen Sinnen ... in deine Mitte gehst ... dort wo du dein Zentrum ... in dir spürst ... und auch ... wenn du angekommen bist ... kannst du dort genauso ... und bitte ... behutsam mit dir selbst ... gut ... und ... ganz bewußt ... auf deinen Atem achten ... und nun ... bitte ... stelle dir vor ... wie bei jedem Ausatmen ... grauer Rauch ... aus deinem Körper ... wie eine Säule ... nach oben steigen will ... atme doch bitte aus ... was längst verbraucht ... und ... in dir abgestanden ist ... und ... eigentlich schon lange Zeit ... nicht mehr ... von dir benötigt wird ... bitte ... atme aus ... .und ... schaue dabei zu ... wie in dir ... eine graue Luftsäule ... in deinem Körper aufsteigt ... wie ... diese graue Wolke ... ganz langgestreckt nach oben zieht ... wie durch den Schacht eines Kamins ... dort ... wo etwas verbrannt wird ... das du nicht mehr brauchst ... und bitte ... übe das so lange ... bis der graue Rauch ... nach ... und ... nach ... aus deinem Körper entlassen ist ... wieviel Zeit es auch braucht ... laß es erst damit gut sein ... wenn das Feuer seine Nahrung aufgezehrt hat ... und ... kein Rauch mehr durch den Kamin ... nach oben ziehen will ... und nun ... nach einer Weile der Besinnung ... atme bitte ... blaues Licht des Himmels in dich ein ... laß es in dich ... wie eine Woge einströmen ... dieses blaue Licht ... das alles in sich birgt ... was gut für dich ist ... atme ein ... und bitte ... spüre die Erleichterung ... und dann ... kannst du mit deiner Aufmerksamkeit ... vielleicht noch einen Schritt weiter gehen ... und ... dir vorstellen ... wie dieses besondere Licht ... durch deine Adern fließt ... und so ... auf diese Weise ... in alle deine roten Blutkörperchen gelangt ... in Fasern ... und ... in Zellen deines Körpers ... die es nährt ... versorgt ... und ... reinigt ... nimm dir ruhig Zeit dafür ... und bitte ... sorge auch ... wenn du es willst ... und ... möchtest ... daß das Licht ... bis tief in deine Füße ... und ... deine Zehen fließt ... durch die verschiedenen Kanäle ... dort kann es warm sein ... und dort ... auch Arme ... Hände ... und ... sogar die Fingerkuppen füllt ... vielleicht mit Wärme angereichert ... und ... auch der Kopf kann sich in diesem blauen Himmelslicht ... klar ... und ... federleicht anfühlen ... ob kühl ... ob warm ... und ... laß dieses Licht ... aus deinen Poren ... doch auch nach außen scheinen ... wie eine Brücke ... ganz aus blauem Licht ... dort ... wo es ... wie sanfte Wellen über deine Haut ... und ... etwas später dann ... in deine Aura strömen kann ... die äußerste Grenze deines Körpers ... und ... so ein gutes Polster schafft ... für kommende Belastung ... und ... noch ein Bild ... das du vielleicht in dir spüren ... sehen kannst ... du kannst auch ein Gefäß für blaues Licht sein ... das jetzt flüssig ist ... und ... dies Gefäß ist jetzt so voll gefüllt ... so ... daß es überlaufen will ... und ... sich dann ... nach links ... und rechts ... über deine Haut verteilt ... dorthin ... wo du es brauchst ... und ... vielleicht ist das Blau sehr gut gekühlt ... weil es sich dort mischen ... und ... verbinden will mit dem blauen Atemlicht ... und dann ... nimm bitte wieder wahr ... wie du wieder in deinem Schaukelstuhl sitzt ... in deinem Gesundheitshaus ... und ... tief ... und ... ganz gelassen bist ... und dich ... ab nun ... in ein angenehmes Wachsein atmen kannst.

Einatmen und ausatmen. Zärtlichkeit

Die in unserem Kulturkreis verbreitetste und bedrohlichste Erkrankung des Atemsystems ist das Asthma in seinen verschiedenen Erscheinungsformen.

Asthma äußert sich durch plötzlich auftretende Attacken von Atemnot. Es kommt zu einer Einengung der Atemwege durch krampfartiges Zusammenziehen der Bronchialmuskulatur, durch ein Anschwellen der Bronchialwand und durch vermehrte Ausschüttung von zähflüssigem Schleim, der die Atemwege verstopft. Ein Asthmaanfall beginnt meist mit vertiefter und beschleunigter Atmung, oft mit Husten und hörbarem Pfeifen beim Atmen. Es besteht ein Gefühl der Enge und des Drucks auf und im Brustkorb. Die Atemnot beruht dabei auf einer erschwerten Ausatmung.

Probleme der Atmung gehen einher mit dem nicht gelebten Ausgleich zwischen Geben und Nehmen, mit dem Thema von Nähe und Distanz.

Menschen, die an Asthma leiden, neigen dazu, zu stark einzuatmen. Es kommt zu einer Überblähung der Lunge und damit zu einem Krampf bei dem Vorgang des Ausatmens.

Auch wenn es die „Asthma-Persönlichkeit" genausowenig gibt wie zum Beispiel eine „Migräne-Persönlichkeit", so fällt doch auf, daß Menschen, die an dieser Erkrankung leiden, Schwierigkeiten haben, sich gefühlsmäßig auf andere einzulassen und sich gehenzulassen. Diese Menschen sehnen sich nach Liebe und atmen tief ein, doch es fällt ihnen schwer, diese auch zu geben. Dadurch sind sie in ihrem Ausatmen behindert. Zudem fällt es ihnen schwer, Gefühle des Ärgers und der Wut, allgemein Aggressionen zu zeigen.

Diese Gefühle gelten innerhalb ihres spezifischen Wertesystems als nicht erlaubt und werden somit nicht herausgelassen. Sie werden quasi verschluckt, wodurch ein gleichförmiger und regelmäßiger Atemstrom behindert wird.

Dabei ist Ärger das Gefühl, das im menschlichen Zusammenleben zur Bereinigung von Grenzen und zum angemessenen Abstand anregt. Den „richtigen" Abstand zu Menschen herzustellen, gehört sicherlich zu den schwierigsten Aufgaben der zwischenmenschlichen Kommunikation. Viele Partnerschaften scheitern letztlich hieran beziehungsweise kommen erst gar nicht zustande.

Geht es auch hier nicht wieder einmal um die Mitte? Menschen, die ständig auf Konfrontation aus sind, der Welt durch Drohgebärden trotzen und im verbalen Angriff ihre beste Verteidigung sehen, schützen auf diese Weise ihre „Weichteile", die Zärtlichkeit oder Zartheit ihrer Seele. Sie sind auf ihrem Lebensweg – auf lange Sicht gesehen – genauso von Krankheit und Schmerzen bedroht wie die „Ausdrucksvermeider" von Ärger und Wut.

Die nächste Phantasiereise handelt von dieser Zartheit der Seele. Sie lautet: „Zärtlichkeit".

Ob Sie nun an Asthma leiden oder nicht, nach Innigkeit, menschlicher Wärme und Zärtlichkeit dürstet uns doch alle.

Auch, wenn wir uns das vielleicht nicht immer eingestehen wollen: Wir können gar nicht genug davon bekommen, macht all dies uns die harte Leistungswelt, in der viele von uns stehen, aber auch eine Zeit des Nichts-Tun-Könnens, der Arbeitslosigkeit, doch erst erträglich. Woher sonst Kraft schöpfen, woher sonst Energie nehmen?

Auch die härtesten, raffiniertesten und erfolgreichsten unter uns tragen diese Sehnsucht in sich, die sich wie ein Regenbogen von der Geburt bis zu unserem Sterben spannt, dieses stille Hoffen, immer wieder und wieder neu berührt zu werden.

Der Raum um dich herum atmet … der Raum um dich herum atmet tief … du atmest … du atmest tief … und bitte … atme nun Wel-

len der Entspannung in diesen Raum ... einfach diesen Raum um dich herum durch sanfte lichte Wellen entspannen ... und nun ... bei jedem Ausatmen ... färbe bitte diesen Raum ... in dem du sitzt ... oder ... liegst ... mit deinem Atem ein ... gib doch bitte diesem Raum ... mit jedem Ausatmen ... die Farbe ... in der du dich so wohlfühlst ... welche es auch immer sein mag ... so ... daß dein ganzer Körper ... früher ... oder ... später ... umgeben ist ... von deiner Lieblingsfarbe ... und ... diese Farbe ... kann sich in Wellen ausbreiten ... und nun ... bitte ... laß dich noch einen Schritt weiter gehen ... und ... atme deine Zärtlichkeit aus ... in diesen entspannten Farbenraum ... die Zartheit deiner Seele ... und ... vielleicht ... kannst du ... für dieses Mal ... noch weiter ... und ... noch tiefer gehen ... und ... noch einmal deine Augen schließen ... und ... diese Zärtlichkeit forttragen lassen in farbigen Wellen ... weit über diesen Raum hinaus ... nach draußen in die Welt ... und ... dort ... den Ärger ... die Wut ... und ... vielleicht sogar deinen Haß ... den du mit einem bestimmten Menschen ... oder ... mit mehreren Personen verbindest ... oder ... mit einer bestimmten Situation ... auf diese angenehme Art ... und ... Weise entspannen ... wenn du ihn ... oder ... sie ... nun mit anderen ... mit zärtlichen ... und ... verständnisvollen Augen anschaust ... und ... vielleicht kannst du davon nun Abschied geben ... von deiner Spannung ... deiner Wut ... wenn du winkst ... mit einer Hand ... und ... die andere löst sich ganz allein ... aus deiner Faust ... spüre ruhig dabei auch die Bewegung ... so ... daß du gleich auch wieder hier ankommen kannst ... in deinem so entspannten Raum ... und ... wenn die Wellen dich in ihrer Flut weit fortgetragen haben ... in deiner Phantasie ... so kann doch gleich ... auch wieder Ebbe sein ... so kannst du das Meer der Ruhe ... neu betrachten ... wenn möglich ... im sanften Schein des Abendrots ... und so ... Welle ... für Welle ... deines Atems ... im Gleichklang mit dem Meer ... an das Ufer deines Wachseins ... spülen lassen ... du läßt dich bitte spüren ... es ist nun wieder an der Zeit ... für den Tag ... und ... seine Geschichten ... die er so mit sich bringt.

Meine Fragen an Sie:

- Ist nicht das ganze Leben ein einziges Ein- und Ausatmen?
- Möchten Sie einmal ausprobieren, mit dem ganzen Körper zu atmen?
- Möchten Sie in sich hineinspüren und sich erleben lassen, wie Sie bei jedem Ausatmen innerlich loslassen?
- Möchten Sie einmal versuchen, Ihren Strom des Einatmens in Ihre Schmerzen zu senden?
- Hat nicht eine tiefe und ruhige Atmung auch mit einem tief erlebten und gelassenen Leben zu tun?

Raum und Zeit für Fragen ganz nach Ihrer Art:

Stellen Sie sich bitte vor,

- Sie pusten Ihre Angst wie einen Luftballon auf, bis dieser platzt.
- Sie atmen alles aus, was Sie daran hindert, Ihr Leben zu genießen.
- Sie färben Ihre Atemluft ein und senden sie in ein schmerzendes Organ.
- Sie entspannen mit Ihrem Ausatmen den Raum um sich herum.
- Sie lassen die Kraft der Erde mit Ihrem Atem in sich einströmen.
- Ihre Bronchien sind ein Labyrinth vieler verwinkelter Gänge und Räume, das von der Elfe aufgeräumt und gereinigt wird.
- Sie atmen den Duft eines Pinienwaldes in sich ein.
- Sie lassen kosmische Energie in sich einströmen.
- Ihr Kopf ist ein großer Raum. Öffnen Sie in diesem Raum die Fenster und lassen Sie Spannung, Angst und Schmerzen nach außen strömen.

Raum und Zeit für innere Bilder ganz nach Ihrer Art:

Ich wünsche Ihnen,
daß Sie Gefühle, die Sie bislang unterdrückten, durch tiefes Ein- und Ausatmen wiederbeleben können. Heißt ganz lebendig zu sein und sich wirklich gut anzufühlen, nicht auch, tief zu atmen, stark zu empfinden und sich frei bewegen zu können?

Ihr Atem kann eine Brücke schlagen zwischen Kopf und Herz, zwischen Verstand und Gefühl, zwischen Gestern und Morgen, zwischen Innen- und Außenwelt.

Der Atem ist nicht in uns. Wir sind im Atem. Wir leben in unserem Atem wie in einer großen Gebärmutter, deren Hülle weit über uns hinausragt. Der Atem ist die Nabelschnur, durch die das Leben zu uns fließt.

Der Atem schenkt uns Stimme und Musik. Wir können ihn empfangen und senden. Er verbindet uns mit der Welt und bewahrt uns davor, uns gänzlich abzukapseln, wenn uns in trüben Stunden danach zumute ist, uns vor allem verschließen zu wollen.

Ich wünsche Ihnen weiterhin, daß Sie die Zärtlichkeit Ihrer Seele immer wieder einmal ganz bewußt in Ihrem Ausatmen wahrnehmen.

Sie entspannen dadurch sich und das, was Sie umgibt. Sie werden dadurch einfach weicher.

Aufräumen und reinigen

Aufräumen. Innerer Speicher

Die Herstellung einer äußeren ist wichtig für das Erleben einer inneren Ordnung.

Eine Ordnung erkennen zu können, bedeutet für den Betrachter zunächst: in Ordnung sein.

Die meisten von uns leben gerne in geordneten Verhältnissen.

Darunter verstehen viele: eine Beziehung, die trag- und ausbaufähig ist, ein Dach über dem Kopf, eine Arbeit, die eindeutige Aufgabenstellungen umfaßt und natürlich auch ein geordnetes Girokonto, das Raum für persönliche Dispositionen läßt. Das wäre eine äußere Ordnung, die uns umgibt.

Gilt es nicht diese äußere Ordnung, je nach dem Lebensabschnitt, in dem wir uns befinden, immer wieder auf ihre Sinnhaftigkeit zu überprüfen und unserem Leben neue Räume zu erschließen?

Auf die körpereigenen Prozesse bezogen meint „Aufräumen" die Wiederherstellung einer Ordnung, die bereits von Geburt an vorgegeben ist und die das Leben mit seinen Stürmen und Unwettern immer wieder durcheinander geschüttelt hat.

Wer viel raucht und trinkt, schadet nicht nur seiner Lunge oder seiner Leber. Wer häufig Angst hat, stört nicht nur den Rhythmus seines Herzens. Wer lange Zeit um einen Verlust trauert, schadet nicht nur seinem Immunsystem.

Er beschädigt sich im ganzen.

Um nicht mißverstanden zu werden: Es geht nicht darum, nicht mehr zu trauern oder sich keine Ängste mehr zu erlauben. Alles dies darf sein und seinen Platz finden in unserem Leben.

Ich möchte Ihnen nur die Botschaft vermitteln, daß es sinnvoll sein kann, nicht immer nur nach hinten zu blicken und in der Vergangenheit zu wühlen oder Angst davor zu haben, was die Zukunft wohl bringen mag, sondern der Gegenwart in die Augen zu schauen und diese zu befragen: „Was kann ich jetzt tun? Was kann ich jetzt begradigen, glätten, wieder in Ordnung bringen, eben aufräumen?"

Ihr Körper tut dies ohnehin; in jeder Lebenssekunde, vom ersten Atemzug bis zum letzten. Ihr Immunsystem arbeitet wie ein hochintelligentes Lebewesen, das in Ihrem Innenreich patrouilliert. Es räumt alles aus dem Weg, was ihm selbst und damit Ihnen Schaden zufügen könnte. Es erkennt in der Regel Freund und Feind sehr gut; was es einmal gelernt hat, vergißt es nie. In einem nachfolgenden Kapitel werde ich noch näher auf seine Funktionsweisen eingehen.

Wie verhält es sich nun mit den Funktionen des Erinnerns und Behaltens, mit dem Speichern von Erlerntem und Erlebtem? Da unsere Erde nun einmal eine Insel im Weltraum ist, kommt nichts hinzu und geht nichts von ihr fort. Es wandelt sich alles nur ständig um.

Alles, was Sie je erlebt haben, ist in Ihrem Gehirn gespeichert. Es liegt abrufbar für Sie bereit.

Wenn Ihnen eine Telefonnummer, ein bestimmtes Ereignis oder ein Name nicht mehr einfallen, liegt es nicht daran, daß Sie sie vergessen haben. Sie können sich in diesem Moment nur nicht erinnern.

Das ist ein großer Unterschied. Zu einem späteren Zeitpunkt, in einer anderen Atmosphäre, in einer anderen Stimmung kann das Nicht-Erinnerte sehr wohl wieder aus den Tiefen des Gedächtnisses, manchmal ganz unvermutet, wieder auftauchen.

Es gab wohl gute Gründe, daß dieser Name, diese Zahl, dieses Erlebnis sich nicht sogleich vor Ihren Augen einstellen wollte.

Ich möchte Sie im Erleben der nachfolgenden Phantasiereise „Innerer Speicher" dazu ermuntern, mit Ihrer Aufmerksamkeit und Ihrer ganzen Gestalt in Ihren Körper hineinzugehen und, zunächst an diesem Ort, Ordnung zu schaffen.

Zu einem späteren Zeitpunkt können Sie dann auch gut und gerne in anderen Räumen Ihres Körpers ankommen und dort aufräumen.

Bitte ... stelle dir vor ... dein Gehirn gleicht einer Lagerhalle ... einem Speicherraum ... wo alles das ... was du gelernt ... behalten hast für dich ... was du erlebt ... gefühlt ... ersonnen ... und erdacht ... an einem Ort versammelt ist ... da gibt es Gänge ... Regale ... Leitern ... und ... Maschinen ... die du bedienen kannst ... wenn du sie brauchst ... schaue dich ruhig um ... und ... nimm dir Zeit ... und ... spüre auch ... wie es hier wohl riecht ... und nun ... stelle dir vor ... du hast dich in letzter Zeit nicht mehr so recht ... um Ordnung hier gekümmert ... so vieles liegt am falschen Platz ... so vieles ist noch gar nicht ausgepackt ... und ... versperrt nur die vielen Gänge ... es ist einfach gar nicht richtig aufgeräumt ... und ... hier liegt alter Plunder der Vergangenheit ... Werkzeug ... Kleidung ... oder ... Spielzeug aus vergangenen Tagen ... und ... dort ... .Kisten ... Kästen ... und ... Kartons ... und ... wenn du möchtest ... schaue auch auf Schilder ... und ... die Etiketten ... wenn sie zu sehen sind ... was wohl alles darinnen ... verpackt ... verstaut ... und ... eingeschlossen ist ... und ... wenn du es möchtest ... so kannst du natürlich auch ... ein paar davon ruhig öffnen ... um nachzuschauen ... was du solange schon in diesen Räumen gut verwahrst ... und ... wenn du so weit bist ... so fange schon mal an ... an diesem Ort für dich zu räumen ... säubern ... putzen ... es ist ja alles da ... was du so brauchst ... Licht kann von dir angeschaltet werden ... in einem Nachbarraum liegen Besen ... Eimer ... und ... Bürsten ... und ... was du noch benötigst ... kannst du ... wenn du suchst ... auch finden ... probiere es einfach aus ... wie weit du heute kommst ... um Platz zu machen ... für all das Neue ... Raum zu schaffen für mehr Übersicht ... und ... Ordnung ... und ... auch das Alte ... was schon lange hier ist ... einfach leichter abgerufen werden kann ... und ... wenn du meinst ... du schaffst es nicht alleine ... dann ... suche bitte nach Hilfe ... und ... lasse dich Unterstützung finden ... bei jemandem ... den du wirklich kennst ... und ... dem du einfach traust ... oder ... gar bei einem Fachmann ... der sich gut auskennt ... in solchen Dingen ... und ... der dir gerne hilft und ... wenn du meinst ... für dieses Mal ist es genug ... dann ... schaue dich noch einmal um ... und ... gehe durch das ganze Lager ... durch alle seine Räume ... Gänge ... und ... geheimen

Kammern ... und bitte ... achte auf Veränderungen ... auf das ... was anders ist ... als gerade eben noch ... und ... wenn du endlich gehen möchtest ... so laß das Licht ruhig brennen ... und ... schließe die Tür nicht ganz ... du kannst ja nachts in deinen Träumen ... aus den Tiefen deines Brunnenraumes ... ja gut und gerne ... auch zuweilen ruhig nach oben steigen ... in deinen Speicher ... in deine Lagerhallen ... um nachzuschauen ... was noch nicht am rechten Platz ... und ... noch nicht in Ordnung ist ... doch nun ist wohl wieder Zeit ... und ... auch Gelegenheit ... wieder hier ... an diesem Ort ... zu wachen ... .sich die Augen zu reiben ... und ... in den Alltag gut zurückzukommen ... um dann gleich nachzuschauen ... wie kann ich in meinem Leben Ordnung schaffen ... mit einer guten Stimmung ... mit Tatkraft ... und ... mit Schwung ... so richtig aufgeräumt.

Reinigen. Die Goldbürste

Vorstellungsbilder des Typs: „Säubern, reinigen, putzen" sind denen des Aufräumens verwandt.

Es geht hier um Klärungen, um Bilder der Läuterung, der Entschlackung und der Herstellung einer äußeren und inneren Harmonie.

Zur Reinigung des äußeren Körpers benötigen wir vor allem Wasser. In unserer Region ist dieses Element in den meisten Jahreszeiten genügend vorhanden. Daher wird es als nicht so wertvoll empfunden wie in Ländern, wo es nur wenig davon gibt.

Dennoch sollten wir um den Wert des Wassers wissen. Wie sehr sehnen wir es herbei, wenn wir verschwitzt sind und uns eine Dusche oder ein Bad wünschen.

Doch bei der Reinigung der Innenwelt, unseres Körpers und unserer Seele benötigen wir noch mehr: Licht, Sonne, positive Gedanken und Phantasie, Freude, Lebensmut, Hoffnung und Liebe.

Dies bringt Klarheit, Ordnung, Zufriedenheit und mitunter

auch das Gefühl von Glück in unsere Innenwelt, das wir dann nach außen hin, im wahrsten Sinne des Wortes, verkörpern.

Da wir ja nur unseren äußeren Körper mit Wasser und Seife reinigen können, bedarf es für die Säuberung von „innen" anderer Hilfsmittel.

Zur Läuterung von Geist und Seele helfen der Glauben, der sonntägliche Gottesdienst, das Gebet, die Andacht. Musik, Meditation, Fastenzeiten sind weitere von vielen Möglichkeiten einer Reinigung von innen.

Ich möchte Ihnen in der „Goldbürste" gleich eine besonders phantasievolle Art der Säuberung Ihres Körpers und Ihrer Seele, also Ihrer ganzen Innenwelt, vorschlagen: Wenn Sie die Sternenelfe später bei ihrem Namen rufen, kommt sie bestimmt und zeigt Ihnen, wie märchenhaft einfach Sie Ihre Innenräume säubern und putzen können.

Wenn sich die Augenlider wieder einmal ... gleich dann ... wenn du den Text gelesen hast ... einfach schließen wollen ... so kann dein Blick ... ich hoffe ... sich ganz nach innen wenden ... .und ... wenn der Schein des Leuchtturms ... auf seine ganz besondere Art ... ruhig ... und ... sicher durch den Körper streift ... kannst du ihn auch mit deinem Blick verfolgen ... und nun ... auch auf Orte ... Räume ... Kammern blicken ... die dunkel ... unruhig ... und ... nicht sauber dir erscheinen ... hier muß wohl irgendwann geputzt ... und ... auch gesäubert werden ... warum nicht gleich ... wo du schon einmal hier bist ... und ... stelle dir vor ... für einen Augenblick ... wendet der Turm in deinem Inneren ... sein Licht nach draußen ... und leuchtet über Land ... und ... Feld ... und Wald ... dann ... wenn sie ihn sieht ... dann weiß die kleine Elfe schon ... daß mit diesem vollen hellen Strahl ... nur sie gemeint sein kann ... und ... fliegt sofort zu dir ... du hörst es schon am Klingeln ... und ... laß sie doch ... du kennst das schon ... als bunte Wolke in dich Einlaß finden ... und dann ... du weißt nicht wie ... ist die Elfe flink in deinem Körper ... und ... wenn ihr euch begrüßen wollt ... so tut es jetzt ... auf eure Art ... doch hat sie nicht nur sich ... sondern vie-

les andere für dich mitgenommen ... sie zeigt es dir ... was sie dabei hat ... da ist wohl ein Elfenbesen ... ein Putztuch ... auch aus Elfenseide ... eine Bürste ... die ganz golden scheint ... und ... auch noch dort befindet sich ein kleiner Krug mit Elfentau darin ... den sie für dich gesammelt hat ... am frühen Morgen ... du kannst ihn sehen ... sie trägt ihn mit sich ... und ... weil der Leuchtturm nun geschwenkt ist ... und ... er sein helles Licht ... nun wieder ganz nach innen richtet ... kannst du ihr zeigen ... wo sie beginnen möchte ... mit ihrem Putzen ... und ... dem Säubern ... hier wollen Flecken abgewischt ... und ... ganz fein gebürstet werden ... damit sich vieles glätten kann in deinem Inneren ... vielleicht am Herzen ... und ... der Lunge ... dafür ist das Elfentuch geeignet ... das putzt ... und ... reibt ... da kannst du nur staunen ... dort sind Narben der Vergangenheit ... und ... Sorgen da ... was wohl die Zukunft bringt ... vielleicht lindert hier der Morgentau ... und ... kühlt so deine Wunden ... und ... in anderen Bereichen ... wo sich viel Staub gesammelt hat ... von trüben Tagen ... Gedanken ... und ... Erfahrungen ... es ist doch heute ... deshalb muß auch er verschwinden ... du siehst die Elfe putzen ... mit ihrer Elfenbürste kehren ... so manches Mal muß es wohl auch ein Besen sein ... so viel Staub ist hier versammelt ... und ... wenn gar nichts weiterhelfen kann ... so kann es auch ein Sauger sein ... der den Staub einsammelt ... denn Strom ist ja genug im Körper ... und ... auch ... wenn du nichts sehen solltest ... weil alles dies so schnell um dich herum geschieht ... so kannst du vielleicht fühlen ... wie hier ... und da ... so vieles in Bewegung kommt ... fast so ... als wenn in deinem Körper sich die Fenster öffnen ... und ... frische Luft nach innen strömen kann ... und ... schau ihr ruhig gelassen zu bei ihrer Arbeit ... sie kennt sich aus ... und ... putzt mit großer Freude ... da sie ja weiß ... wie man das auch im Körper machen kann ... vielleicht kannst du dann später ... genau das gleiche tun ... denn ... wenn die kleine Elfe ... für heute ... mit ihrer Arbeit fertig ist ... und ... ganz verstohlen gähnt ... dann ... zeigt sie dir gern den Raum ... wo sie die Gegenstände für dich läßt ... doch ... wenn du nicht alleine fertig wirst ... kannst du getrost sie wieder rufen ... dann ... wenn sie geschlafen hat ... und ... damit wieder tatendurstig ist ... dann kann sie wieder neuen Tau ... ganz frisch noch ... von den Morgenwiesen sammeln ... doch ... Bürste ... Feger ... Tuch und ... Sauger können ruhig in dir verweilen ... du kannst sie immer nehmen ... wenn du sie brauchst ... um neuen Mut ... um neue Kraft zu schöpfen ... und ... in dir alles blank zu reiben ... doch nun bedanke dich bei ihr ... sie ist nun wirklich müde ... und ... fliegt ... leicht torkelnd ... durch den Körper ... du atmest aus ... fort ist sie ... und ... winkt noch kurz zurück ... schon halb am Schlafen ... und ... wie fühlst du dich an ... wie ist dir zumute ... wenn du gleich die Augen öffnen kannst ... bist du nicht ausgeruht ... frisch ... und ... fühlst dich richtig sauber an?

Meine Fragen an Sie:

- Möchten Sie die Lagerhalle, die Speicherräume in Ihrem Kopf einmal skizzieren oder aufzeichnen?
- Können Sie sich vorstellen, auch andere Räume in Ihrem Körper von Zeit zu Zeit aufzuräumen?
- Möchten Sie auch einmal in Ihren zwischenmenschlichen Beziehungen nachschauen, ob dort vielleicht eine neue Ordnung not tut?
- Befinden sich in Ihrer Seele dunkle Flecken von früher, die Sie ruhig einmal putzen und säubern könnten?
- Ist die Welt für Sie in Ordnung?
- Wie können Sie mehr Raum und Zeit für sich schaffen?

Raum und Zeit für Fragen ganz nach Ihrer Art:

Stellen Sie sich bitte vor,

- Sie jäten das Unkraut aus dem Garten Ihres Lebens.
- Sie waschen Ihren Darm in reinem Quellwasser aus.

- Sie nehmen Ihre Augäpfel aus den Augen heraus und waschen sie in geweihtem Wasser. Währenddessen füllen sich die Augenhöhlen mit blauem Licht. Wenn sie dann die Augäpfel wieder hineinsetzen, stellen Sie sich bitte vor, Sie sehen jetzt alles in einem klareren Licht und viel heller als zuvor.
- die Sternenelfe streicht mit einer feinen goldenen Bürste über Ihre entzündete, juckende oder schuppende Haut. Durch ihr sanftes Bürsten reinigt und besänftigt sie die betroffenen Hautpartien.
- Sie ordnen Ihre widerstrebendèn Gefühle hinsichtlich eines aktuellen Problems.
- Sie befinden sich in dem Dachraum Ihres inneren Leuchtturms und lenken seinen Lichtstrahl auf unaufgeräumte und ungesäuberte Räume Ihres Körpers.
- wie Ihr Körper, wie Ihre ganze Haut in einer wunderschönen Badewanne liegt, die mit Milch und Honig angefüllt ist.
- Sie räumen Ihren Dachboden, den Keller und Ihre Garage auf.
- die Meerjungfrau schwimmt in Ihren Darmkanälen und salbt und ölt dort die Haut von innen; bei Verletzungen näht sie die verletzte Stelle mit goldener Nadel und einem Garn in gleicher Farbe.

Raum und Zeit für innere Bilder ganz nach Ihrer Art:

Ich wünsche Ihnen,
daß Sie in Ihrem Körper, Ihrer Seele, Ihrem ganzen Leben öfters mal „klar Schiff" machen. Wenn ein Schiff auf eine lange Reise geht und zu neuen Ufern aufbricht, müssen seine Funktionen überprüft werden. Es muß gereinigt und vollgetankt werden. Die Mannschaft wird mit neuem Proviant versorgt.

Auch unser Leben können wir als eine Reise betrachten, auf der wir immer etwas – gewollt oder ungewollt – zurücklassen, um nach neuen Zielen zu streben.

Selten werden große Reisen ohne Umwege oder andere Verzögerungen vollendet. Immer wieder schlagen wir in unserem Leben andere Richtungen ein und beginnen neu.

Um gut anzukommen, sollten wir immer wieder Pausen einlegen, uns besinnen, erinnern und neue Nahrung, neue Kraft, schöpfen.

Was uns als ein „Jetzt" erscheinen mag, trägt Vergangenheit und Zukunft bereits in sich.

Aus der Fülle der Begegnungen, Erlebnisse, Hoffnungen und Enttäuschungen macht unser Unbewußtes, das man auch als unsere „geheime Intelligenz" ansehen kann, Geschichten, die wir uns dann wieder erinnern lassen können.

Unser Unbewußtes ordnet, indem es sich versammelt und alles bündelt, was uns wesentlich an unserer Geschichte erscheinen mag. Geschichten sind Aufbewahrtes und benötigen eine innere Ordnung, Gliederung, Anfang und Ende, damit sie uns immer wieder zur Verfügung stehen.

Geschichten entfachen in unserer Phantasie den Funken, uns das eigene Leben, unsere Geschichte in der Welt ganz neu erleben und betrachten zu lassen.

Unsere Phantasie spielt bei der Herstellung dieser inneren Ordnung eine tragende Rolle.

Ihr Körper ist der Rahmen für das Bild des Lebens. Erst Ihre Phantasie kann diesen Rahmen auch ausfüllen.

Ich wünsche Ihnen weiterhin, daß Sie sich Raum und Zeit genug geben. Durch Ordnung kann Macht über die Zeit entstehen. Die Zeit ermöglicht es, Herrscher und Hüter seines Lebens zu sein.

Wärmen und kühlen

Wärmen. Innere Heizung

Ihr Körper verfügt über ein regelrechtes Kraftwerk zur Erzeugung von Wärme. In einer Innentemperatur von 37 bis 38 Grad Celsius fühlen wir uns wohl in unserem Körper an.

Bei einer höheren Temperatur klagen wir über Fieber. Das ist ein sicheres Zeichen dafür, daß unser Immunsystem ein hitziges Gefecht gegen ungebetene Eindringlinge führt.

Eine niedrigere Körpertemperatur läßt uns frösteln. Viele Menschen klagen über kalte Füße und Hände.

Sie verbrennen die Nahrung nicht so wie es sein sollte oder sie atmen zu flach, so, daß der warme Atemstrom nicht weit und nicht tief genug strömen kann.

Auf unser Leben bezogen, kann Wärme bedeuten, daß wir uns für etwas begeistern, uns für eine Sache entzünden, eben erwärmen können.

Auch begegnen wir Menschen, die in ihrem Umfeld Herzlichkeit und Wärme verströmen, während es andere lediglich bei „warmen Worten" belassen.

Die wichtigste Wärmequelle ist für uns natürlich die Sonne, ohne die es kein Leben auf unserer Erde gäbe.

Menschen, die Sonne im Herzen tragen, empfinden wir als angenehm und liebenswert. In ihrem Umfeld halten wir uns gerne auf. Andere verbreiten eine frostige Atmosphäre um sich. Ihnen fehlt etwas. Sie können nicht mitschwingen.

Wärme ist weiterhin wichtig für die Entkrampfung muskulärer Verspannungen. Chronische Schmerzen können einen Menschen regelrecht zermürben. Wenn Medikamente nicht mehr helfen, fühlen wir uns ihnen regelrecht ausgeliefert.

Dabei ist vielen Menschen noch gar nicht bekannt, daß der Körper allein gar keinen Schmerz empfinden kann. Jeder Schmerz ist – von der Empfindung her – seelischer Natur.

Es gibt in unserem Gehirn kein Schmerzzentrum. Viele seiner Teile sind an der Schmerzwahrnehmung und -empfindung beteiligt.

Das macht die Subjektivität und Unterschiedlichkeit der individuellen Schmerzempfindung verständlich und erklärt, warum Kindheitserfahrungen, die momentane seelische Verfassung, Erfahrungen und Erwartungen eine so große Rolle im Labyrinth des Schmerzgeschehens spielen.

Daher gibt es neben den traditionellen Therapien durch schmerzlösende Medikamente und Massagen eine Vielzahl weiterer Behandlungsformen, auf die ich an dieser Stelle nicht näher eingehen kann.

Im wesentlichen geht es jedoch darum, die Aufmerksamkeitslenkung des Schmerzpatienten zu verändern. Dabei spielen auch Phantasieprozesse eine entscheidende Rolle.

Innere Bilder, die mit Gelassenheit, Weite, Ruhe und Freude gesättigt sind, lindern den Schmerz.

Phantasien, die mit dem Hören einer inneren Musik, mit Bildern des Fließens und Strömens einhergehen, vermögen ebenfalls eine positiv empfundene Veränderung des Schmerzes zu bewirken.

Die „klassische" Form einer Schmerzreduktion durch Imagination besteht in der Vorstellung von Wärme und angenehm erlebten Farben.

Schon vor Tausenden von Jahren haben die alten Ägypter sich bereits vorgestellt, den Schmerz durch eine visualisierte Sonne zu ersetzen. Probieren Sie es doch ruhig einmal für sich aus.

Wärme löst, beruhigt und glättet das angespannte Bindegewebe und bringt die inneren Säfte zum Fließen. Die meisten Menschen fühlen sich wohl in einem warmen inneren Milieu.

In der nächsten Phantasiereise möchte ich Sie darauf aufmerksam machen, daß Ihr Körper ein regelrechtes Wärmekraftwerk, eine „innere Heizung" ist. Was wir zu uns nehmen, wird im wahrsten Sinne des Wortes verbrannt, fast so, als ob es Holzscheite oder Kohlen sind, die wir in den Kamin oder in den Ofen schieben.

Alles dies geht ganz von selbst, ohne einen Knopf zu drücken, ohne ein Streichholz anzuzünden.

Durch unsere Phantasie können wir dieses Wärmeempfinden jedoch lenken und steuern, drosseln und steigern.

Wir können durch geeignete innere Bilder – in einem bestimmten Ausmaß – Einfluß nehmen auf unsere Körpertemperatur. Dies ist vielfach nachgewiesen worden.

Ich selbst wende die nachfolgende Phantasiereise bereits seit Jahrzehnten an. Ein Ergebnis ist, daß, wenn Menschen im selben Raum über Kälte klagen, mir fast immer zu warm ist.

Ich will damit sagen, daß Sie innere Bilder, die Ihnen zusagen, regelrecht eintrainieren und sie dann an jedem Ort in Sekundenschnelle „abrufen" können.

Ich möchte Sie nun bitten, sich so richtig einzukuscheln und sich auf Ihre Körperheizung, auf Ihren „inneren Ofen" zu konzentrieren.

Wenn du möchtest ... und ... dir die Erlaubnis dazu erteilst ... dann bitte gehe ... in deiner Phantasie ... mit deiner Aufmerksamkeit ... wenn möglich ... mit der ganzen ... und ... bitte auch ... mit deiner Gestalt ... in dein Gesundheitshaus ... wo du es so warm ... und ... gemütlich haben kannst ... so oft du willst ... und ... es dir wünschst ... und hier ... laß dich doch bitte an einem großen alten Kachelofen sitzen ... und ... zwar so ... daß du mit deinem Rücken ... an ihn lehnst ... und bitte ... gib dir alle Zeit dafür ... die du benötigst ... um die Wärme auch zu spüren ... denn ... die Kachelofenfläche schafft durch ihr mildes Strahlungsklima ein sehr behagliches Gefühl ... und dann ... wie wäre es ... gehe doch bitte von hier ... nach ... dort ... von diesem ganz besonderen Ort ... einen Schritt noch weiter ... in deiner Phantasie ... ist das so rasch getan ... wo sich ja in letzter Zeit ... vielleicht so vieles schon verändert hat ... und bitte ... stelle dir vor ... der Kachelofen ist in deinem Körper ... an einem Ort ... in deiner Mitte ... und ... wo sonst im allgemeinen die warme Luft nach oben steigt ... so kann sie hier ... so wie sie will ... ganz einfach ... zirkulieren ... und ... durch Rohre ... Luken ... Roste ... Gitter ... und ... durch andere Verbindungen ... durch deinen ganzen Körper strömen ... nach oben ... und ... nach unten ... gibt es Rohre ... die sich zum Ende hin verjüngen ... die jedoch im Kreislauf sich erwärmen ... in diesem wunderbaren Heizsystem ... so ... daß in deine Hände ... und ... auch Füße ... die sich sonst vielleicht ... zu manchen Zeiten ... kalt ... und ... taub ... anfühlen mögen ... nun ... auf einmal ... Wärme ... und ... Bewegung fließen ... .fast so ... als ob ein steter Strom sie nährt ... und bitte ... stelle dir diesen Kreislauf vor ... so gut du kannst und ... möchtest ... und ... wie es auch gewesen ist ... gehe bitte noch den Schritt ... in deiner Phantasie ... daß du dir vorstellst ... sogar die Poren deiner Haut durchpulst die Wärme ... und ... versorgt sie so ... mit Glut von innen ... dann ... wenn sie es braucht und ... für sich nötig hat ... natürlich kannst du auch den Grad einstellen ... genau so ... wie du die Wärme wünschst ... am Kachelofen ist ein Regler ... du wirst schon wissen wo ... den du von „eins" ... bis ... „zehn" ... ganz einfach ... und natürlich ... nur für dich ... bedienen kannst ... bei „eins" ist es verhältnismäßig kühl ... bei ... „zehn" dagegen richtig heiß ... vielleicht ... laß dich auch hier ... die Mitte finden ... und dann ... wenn du den Wärmegrad dich finden ließest ... den du jetzt ... zu dieser Zeit als angenehm empfindest ... so genieße bitte das milde warme Klima in deinem Körper ... und jetzt ... laß den Regler einfach stehen ... genau so ... wie er gerade eingeschaltet war ... und bitte ... laß dich wieder spüren ... wie du am Ofen sitzt ... mit deinem Rücken ... und ... kehre mit deiner Aufmerksamkeit ... gleich wieder in dein Gesundheitshaus zurück ... und ... öffne zunächst die Augenlider dort ... wenn du sie geschlossen hattest ... und ... komme dann ... wieder einmal an in diesem Raum ... und ... öffnest du auch hier die Augen ... kannst du dich fragen ... ist dir nicht warm ums Herz geworden ... vielleicht sogar in deinem ganzen Körper ... bitte doch darum ... daß es so kommen möchte.

Kühlen. Die Perle

Fast jeder Mensch leidet ab und zu an Kopfschmerzen. Dabei kann man den Kopfschmerz nach der Art des Schmerzes (pochend, stechend, dumpf) und nach dem Ort (Stirn, Hinterkopf, Schläfe) unterscheiden. Der Spannungskopfschmerz ist charakterisiert durch dumpf-drückende Kopfschmerzen, die den ganzen Kopf umfassen können.

Eine besondere Form von Kopfschmerzen ist die Migräne. Dabei kommt es anfallartig zu meist einseitigen Kopfschmerzen, die oft von Sehstörungen, Schwindel, Lichtempfindlichkeit, Übelkeit und Erbrechen begleitet werden. Diese Begleiterscheinungen treten meist schon vor den Kopfschmerzen auf.

Bei einem Migräneanfall ziehen die meisten Menschen sich zurück, löschen das Licht und ziehen die Vorhänge vor das Fenster. Sie suchen das Dunkle und Kühle.

Auch Schmerzen der Gelenke können durch eine kühle Temperatur gelindert werden, wobei der Wunsch nach wärmenden oder kühlenden Empfindungen sehr unterschiedlich sein kann.

Eine Erhöhung beziehungsweise eine Senkung der körpereigenen Temperatur durch bildhafte Vorstellungen ist wissenschaftlich eindeutig nachgewiesen.

Die nächste Phantasiereise „Die Perle" ist besonders gut dazu geeignet, Linderung bei Kopfschmerzen oder Migräne zu erfahren.

Rückenschmerzen, die Sie als stechend und spitz empfinden mögen, können durch ihr Nachempfinden gemildert werden.

Bei Hautproblemen können Juckreiz und Nervosität durch die Vorstellung kühler Sinnesempfindungen ebenfalls gemindert werden.

Stelle dir vor ... du bist in einem Bergwald ... es ist im März ... am frühen Morgen ... die Luft noch kühl ... der Boden schneebedeckt ... so ... daß dein Schritt ein Knirschen ist ... die Sonne lugt schon durch die Bäume ... deine Füße ... und ... dein ganzer Körper ... sie stehen nun ... am Rande eines Baches ... der wird gespeist ... und ... wohlgenährt ... durch eine Quelle ... die oberhalb von dir entspringt ... und ... das frische Wasser ... das vor Stunden noch im Eis gebannt war ... gluckst ... und ... sprudelt übermütig hin ... und

... her ... kleine Eisschollen treiben noch im Wasser ... sie knirschen ... und ... reiben ... sich an Steinen ... die sich im Wasser zeigen ... dein Kopf ... ist kühl ... und ... klar ... an diesem Morgen ... und ... wenn du Schnee ... in deine Hände nimmst ... so kann dich das vielleicht erinnern ... an eine Zeit ... wo du ein Kind ... und ... ganz bei dir sein konntest ... gib dir doch Zeit für diesen Augenblick ... und ... wenn der Schnee in deinen Händen ... für dieses Mal geschmolzen ist ... so kannst du mehr ... und ... mehr davon bekommen ... noch gibt es wohl genug davon ... und dann ... auch deine Stirn einreiben ... mit diesem weißen ... ganz besonderen Wasser ... das in sich kühl ... und ... fest sein kann ... doch ... in deinen Händen weich ... und ... locker ist ... und ... Millionen von Kristallen birgt ... die deine Haut benetzen ... und ... ihr so viel Kühle schenken ... wird dir dadurch nicht manches klar ... und ... wenn du möchtest ... beuge dich zum Wasser hin ... der Bach führt auch genug davon ... und ... schaue ... dem munteren Sprudeln zu ... wie er sein Wasser abwärts führt ... und ... schöpfe auch von diesem Wasser ... und ... wenn es gut für deine Hände ist ... so kann es auch gut sein für deinen Mund ... wenn du es an die Lippen führst ... und ... trinkst ... es ist doch fast wie neugeboren ... und ... unschuldig noch ... am frühen Morgen ... es kommt ja aus der Quelle auf dem Berg ... und ... fließt nun in deinen Magen ... wo es sich ... ganz natürlich kühl anfühlt ... doch ... durch den Magen kann es in dir weiter strömen ... denn Wasser steht wohl nie ganz still ... ... und ... kann so deinen Kreislauf kühlen ... und ... dich mit seinem hellen Blau versorgen ... fast wie ein Kühlsystem von innen ... und ... so in deine Poren strömen ... dorthin ... wo es sich gut anfühlt ... und ... ist es erst einmal ... zum Kopf gekommen ... so kann es dort die Räume blau anfüllen ... mit jedem Schluck ... ein bißchen mehr ... und ... wenn das Blau durch dunkle Räume sprudelt ... kann es doch sicher dort ... durch triste Farben spülen ... die ein Schmerz so mit sich bringen mag ... denn Wasser löst die Farben ... und ... den Schmerz durch ein helles Blau ersetzen ... denn du weißt ... sogar Felsen ... und ... auch scharfe Klippen kann ein Wasser glätten ... und ... unterspülen ... gibt man ihm dafür nur Raum ... und ... Zeit ... und ... über diesem Meer von

Wasser ... kann der Leuchtturm thronen ... und es ... mit seinem gelben Schein beleuchten ... so ... daß das Wasser auch in heller grüner Farbe strahlen kann ... und ... wenn er landwärts sein Licht aussendet ... ist es wieder blau ... wähle doch aus ... was besser zu dir paßt ... .und ... deinen Schmerz vergessen läßt ... ist es die grüne ... oder ... blaue Farbe ... wechsel einfach hin ... und her ... so wie die kühle Atemluft ... die für Bewegung ... und ... Erfrischung sorgt ... wenn du sie in dir spürst ... und ... in das kleine Meer in dir nun Wellen bringt ... die ganz behutsam ... in deine Schmerzen rollen ... und ... wohl bis in alle Ewigkeit die Plätze tauschen ... und ... in ihrer Art den Sand ablecken ... wenn du am Meer bist ... und die Flut ans Ufer spült ... und ... dich dort ... vor deinen Füßen eine Muschel finden läßt ... in die ein Sandkorn kam ... und ... um den Schmerz in ihrer Muschelhöhle ... in ihrem Fleisch zu mindern ... umhüllt die Muschel das Sandkorn in vielen hauchdünnen Schichten aus Perlmutt ... so ... daß ... was eckig ... kantig ... und ... als scharf empfunden wurde ... auf einmal rund wird ... und ... erträglich ... vielleicht kannst auch du deinen Schmerz umhüllen ... und ... ihn zu einer Perle werden lassen ... die im Morgenlicht in vielen Farben schillert ... wenn du sie aus der Muschel nimmst ... und ... in deinen Händen spürst ... wie glatt ... und ... rund ... sie sich gut anfühlt ... und ... wenn du zu anderen Zeiten ... in deiner Phantasie ... an dem Strand in deinem Meer von innen ... wanderst ... und ... dich suchen läßt ... so laß dich bitte auch noch andere Muscheln finden ... in denen ... ich wünsche es dir von Herzen ... auch noch Perlen warten ... die den Schmerz in deinem Innenreich umhüllen ... und ... verbergen ... so ist das Meer ... so ist das Wasser ... ob Fluß ... ob Bach ... ob Quelle ... es spricht zu uns ... und ... will nichts weiter mehr ... als fließen ... und ... in Bewegung sein ... es kann auf seine Art ... auch deine Augen öffnen ... und ... dich sehen lassen ... wie du in dem Bergwald stehst ... an diesem Bach im März ... es ist schon wieder anderes Wasser ... das da strömt ... kann nicht auch ein anderes Gefühl in deinem Körper sein ... die Sonne steht schon hoch ... es wird wohl Mittag sein ... ein guter Grund ... auch hier die Augen zu öffnen ... und ... diesen Tag ... in einem anderen Licht zu betrachten.

Meine Fragen an Sie:

- Leiden Sie öfters an kalten Händen oder Füßen?
- Mit wem können Sie so richtig warm werden?
- Was hat Sie in letzter Zeit besonders geschmerzt?
- Wie wohl fühlen Sie sich in Ihrer Haut?
- Können Sie sich vorstellen, in Ihrem Bilderraum ein Bild Ihres Schmerzes zu malen?
- Können Sie sich vorstellen, mehr Innigkeit, mehr Wärme in Ihre Beziehungen einfließen zu lassen?
- Denken Sie oft an schmerzliche Ereignisse in Ihrem Leben?
- Kann die Sternenelfe oder die Meerjungfrau Ihnen helfen?

Raum und Zeit für Fragen ganz nach Ihrer Art:

Stellen Sie sich bitte vor,

- Sie zünden ein Licht, eine Kerze in sich an.
- um Ihren Körper herum ist eine Wärmedecke ausgebreitet.
- Sie liegen in der warmen Sonne. Durch das Sonnenlicht wird Ihr innerer Akku, Ihre innere Batterie neu aufgeladen.
- Sie legen auf die schmerzende Stelle in Ihrem Körper eine Wärmflasche oder eine Eisscholle.
- Sie baden Ihren ganzen Körper unter einer Dusche aus Licht.
- Sie verlieren Ihren Schmerz und finden ihn einfach nicht wieder.
- der volle Schein Ihres inneren Leuchtturms scheint mit seinem vollen gelben Licht auf den Schmerz in Ihnen und löst ihn durch seine Wärme auf.
- Sie blicken einer heiklen, unangenehmen oder gefährlichen Situation kühl bis ans Herz in die Augen.
- Sie kühlen Ihre Wunden mit Schmelz- oder Quellwasser.

Raum und Zeit für innere Bilder ganz nach Ihrer Art:

Ich wünsche Ihnen,
Sie lassen die Sonne in Ihr Herz hinein.

Vielleicht können Sie sich sogar vorstellen, daß Sie selbst die Sonne sind.

Wenn Sie beginnen, von innen heraus zu leuchten, kann es überall um Sie herum heller und strahlender sein.

Falls Ihnen dieser Gedanke gefällt, jedoch zu phantastisch vorkommt, gebe ich nochmals zu bedenken, daß diese Vorstellung in der altägyptischen Medizin die traditionelle Form der Heilung von Schmerzen war, sich selbst, sein ganzes Wesen, sein ganzes Sein als Sonne zu erblicken.

Zu der Sonne, dem Tag, gehört jedoch auch die Kehrseite, die Nacht. Sie ist die Schwester des Tags. Gäbe es sie nicht, wüßten wir nichts vom Mond und von den Sternen.

Die Nacht kühlt. Nach einem heißen Sommertag wissen wir das sehr zu schätzen. Der Mond steht als Symbol gleichzeitig für Kontinuität und Veränderung. Die Bewohner von Küstenlandschaften kennen dies: Ebbe und Flut treffen immer rechtzeitig ein. Ihre Bewegungen sorgen für Wandel, Ausgleich und Energie.

Darum wünsche ich Ihnen weiterhin, es mögen auch die Nacht und die Kühle, der Mond und die Sterne Einlaß finden in Ihr Innenreich.

Mit der Sternenelfe haben Sie ja schon einen guten Anfang dafür gemacht.

Fließen und loslassen

Fließen. Der gefrorene Wasserfall

Nichts geht verloren. Alles gibt sich weiter. Jede Sperre, jede Mauer, jedes Hindernis muß dem Fluß und Druck des Wassers letztlich irgendwann weichen.

Wir wissen das bereits in der Kindheit.

Den Flußlauf eines Baches mit Steinen, Erde und Reisig aufzuhalten hat in Trockenperioden Erfolg. Kommt der Regen, ist nichts mehr zu halten.

Am Strand hält eine Sandburg bei Ebbe dem Spiel der Wellen leicht stand; kommt die Flut, ist die alte Ordnung rasch wiederhergestellt.

Wenn unser Seelenleben im Fluß ist, will uns vieles glücken. Auch körperlich fühlen wir uns dann gut. Ereilt uns jedoch ein schmerzliches Ereignis, vielleicht der Tod eines Menschen, um den wir trauern oder der Verlust des Arbeitsplatzes, kann es zu einem seelischen Stillstand kommen.

Hält dieser längere Zeit an, können Krankheit und Schmerzen die Folge sein.

Zwei dieser Erkrankungen, die mit Fluß und starker Strömung, mit Versickern und Stocken einhergehen, gehören zu weitverbreiteten Erkrankungen unserer Kultur, der zu hohe und der zu niedrige Blutdruck.

Unter Blutdruck ist der Druck des strömenden Blutes auf die Arterienwände zu verstehen. Dabei hängt die Höhe des Blutdrucks von der Pumpleistung des Herzens und der Enge der Gefäße ab.

Bei chronischer Erhöhung des Blutdrucks leistet das Herz Schwerstarbeit und die Arterien werden stärker beansprucht. Verkalkung und weitere Verengung können die Folgen sein. Dadurch steigt das Risiko, einen Schlaganfall, eine Herzerkrankung, Augenschäden oder eine Arterienverkalkung zu erleiden.

Die Höhe des Blutdrucks kann als Ausdruck der Dynamik eines Menschen gelten. Menschen, die zu erhöhtem Blutdruck neigen, gelten eher als leistungsorientiert, aktiv und angriffslustig. Sie fordern das Leben geradezu heraus. Menschen mit zu niedrigem Blutdruck neigen eher dazu, sich zurückzuziehen und ihre Belastbarkeitsgrenzen gar nicht erst zu erproben.

Auch hier wäre das Ideal, eine Mitte zu finden zwischen Leistung und Muße, zwischen Kampf und Rückzug, zwischen heiß und kalt.

Auch Erkältungen haben zu tun mit dem Fluß und dem Stocken des Lebensrhythmus. Eine Erkältung ist ein akuter Infekt der oberen Luftwege. Obwohl Erkältungen bevorzugt in kälteren Jahreszeiten auftreten, ist die Kälte nicht die Krankheitsursache. Sie begünstigt nur die Übertragung der Erkrankung.

Eine Erkältung wird von unserem Immunsystem bevorzugt dann „zugelassen", wenn wir uns in einem Konflikt oder einer schleichenden Krisensituation befinden. Wir haben dann im buchstäblichen Sinn „die Nase voll" oder sind über etwas „verschnupft".

Die Phantasiereise „Der gefrorene Wasserfall" kann Ihnen dabei helfen, loszulassen, etwas in Ihrer Innenwelt wieder in Fluß zu bringen, was vielleicht schon längere Zeit in Ihnen festgehalten und gefroren war.

Gute Erfahrungen haben meine PatientInnen mit nachfolgender Phantasiereise bei Blutdruckerkrankungen, Neben- und Stirnhöhlenvereiterungen sowie chronischer Anfälligkeit für Erkältungskrankheiten gemacht.

Wenn du in deiner Phantasie ... wieder einmal in deinem Körper angekommen bist ... dieses Mal in deinen Nebenhöhlen ... auf eine Art ... wie sie dir gut gefällt ... vielleicht atmest du dich ein ... oder ... rutschst bequem auf dem Schein des Leuchtturms ... wohin du willst ... hinunter ... oder ... wählst dir eine andere Art ... die jetzt für dich die beste ist ... das ganze Augenmerk auf dein Innenreich zu richten ... und ... wenn du angekommen bist ... auf der linken ... oder ... auf der rechten Seite ... so laß dich bitte eine Höhle sehen ... eine Höhle ... in der es kühl ... grau ... und ... ganz un-

aufgeräumt sein kann ... und ... wenn du die Wände anfühlst ... so sind sie kalt ... und ... schmutzig ... und ... voller Flecken ... und ... vor dir ... am Ausgang dieser Höhle ... war wohl ein Wasserfall ... der nun zu Eis gefroren ist ... und so ... auf diese Weise nicht mehr fließen kann ... der in sich selbst erfroren ist ... und ... überall in diesem Raum ... sind Gegenstände ... die alt ... und ... brüchig ... auf dich wirken ... und ... wenn du sie ... mit deinen Händen faßt ... um sie zu berühren ... dann kann es sein ... daß sie in sich zusammenfallen ... und ... so zu Staub zerbröseln ... du scheinst am rechten Ort ... zur rechten ... Zeit zu sein ... dort ... wo es eigentlich fließen soll in dir ... und nun ... vielleicht schon lange verkrustet ... und ... verklebt ist ... und ... dir grau ... und ... kalt erscheint ... und ... wenn du ... Ruß ... Kalk ... und ... Eis ... von den Wänden klopfen ... oder ... schmirgeln möchtest ... so kannst du damit natürlich gleich beginnen ... denn in einer Nische dieser Höhle liegt doch alles ... was du dafür brauchst ... für dich bereit ... und ... wenn du möchtest ... kannst du ruhig damit beginnen ... erst einmal aufzuräumen ... und ... zu säubern ... und ... wenn du merkst ... alleine geht es über meine Kräfte ... so kannst du ganz natürlich auch die Elfe zu dir bitten ... zu zweit geht manches besser ... und ... wenn auch das nicht reicht ... so kann die Elfe ... vielleicht auch ihre Schwestern rufen ... die ... eine nach der anderen ... dann ... wenn sie gerufen werden ... auch hierhin fliegen können ... und dir dann helfen ... bei deinem Lösen ... Säubern ... Putzen ... und ... Entrümpeln ... und ... wenn du eine Pause machst ... und ... dich dann umschaust ... ist nicht schon jetzt ... an diesem Ort ... so vieles freundlicher geworden ... und ... wohl auch wärmer ... als vorhin ... .bricht nicht das Eis des Wasserfalls vor deinen Ohren ... und ... ist das Eis vor deinen Augen nicht bereits ganz dünn geworden ... und nahm schon eine andere Farbe an ... an manchen Stellen ... so ... daß es tröpfelt ... und ... später fließen kann ... vor allem dann ... wenn du den warmen vollen Schein des Leuchtturms nun in diese Höhle lenkst ... so ... daß sie durch ein helles ... warmes Licht erfüllt sein kann ... und ... dieses Licht ... genau auf die Öffnung dieser Höhle ... auf den vereisten Fall ... voll ausgerichtet ist ... und bitte ... blicke genau auf diese

Stelle ... und ... stelle dir nun vor ... wie das blanke Eis ... ganz einfach durch die Wärme schmilzt ... und ... schmilzt ... und ... schmilzt ... und ... endlich wohl frei fließen kann ... und ... höre ... wie es rauscht ... und ... braust ... in dir ... mit freier Fahrt nach unten ... laß es dich deutlich spüren ... wie der Wasserfall nach unten strömt ... und ... wenn du nach hinten ... auf die Wand schaust ... so laß dich dort ein Zeichen ... einen lang gezogenen Strich ... so wie ein „i" erkennen ... und ... sprich es ruhig einmal für dich aus ... das „i" ... und bitte ... behalte es für dich ... so ... als wenn ... ein „i" auf deiner Stirn geschrieben stünde ... und nun ... erkunde noch die Höhle ... die auf der anderen Seite liegt ... laß dich dorthin hinübergehen ... und schau nach ... ob es dort auch etwas zu lösen ... und ... zum Fließen zu bringen gilt ... und ... wenn es auch hier für dich so vieles zu tun gibt ... so mache doch bitte weiter ... auf die bekannte Art ... die Elfen kommen helfen ... das „i" steht auch hier in der bekannten Art und Weise auf der Wand geschrieben ... und ... .laß den Schein des Leuchtturms auch an diesem Ort in dir erstrahlen ... damit das Eis wegschmelzen ... und so ... zu Wasser werden kann ... und ... wenn auch alles hier so ist ... wie du es gerne hast ... dann ... bitte gehe ... mit deiner Aufmerksamkeit ... und ... wenn möglich ... auch mit deiner ganzen Gestalt ... wieder hinüber in die erste Höhle ... du hörst schon auf dem Weg das Brausen ... und bitte ... fege alles das ... was noch übrig ist von dem Gerümpel ... einfach in den Wasserfall hinein ... in dessen Schwall es fortgetragen wird ... nach unten ... und ... bist du zufrieden mit der Arbeit ... so bedanke dich bei der kleinen Elfe ... und ... womöglich auch bei ihren Schwestern ... falls sie dir helfen kamen ... und nun ... ist es wohl an der Zeit ... wieder einmal zurückzukommen an diesen Ort ... und ... dir hier ... eine Zeit der Ruhe zu gönnen ... nach so schwer getaner Arbeit ... und dir Gutes zu tun ... dann ... wenn du als ersten Schritt dazu ... die Augen wieder öffnest.

Druck fordert uns immer dazu auf, loszulassen und zu entspannen. Je mehr wir zum Beispiel gegen einen Schmerz ankämpfen, ihn nicht haben und fühlen wollen, desto ärger wird er uns ergreifen und peinigen. Ein bißchen besser wird es, wenn man loslassen kann. Loslösung von etwas Bedrückendem kann wie eine Fahrkarte nach Hause sein.

Neues kann nur dann entstehen, wenn wir ganz bewußt Vergangenes, uns Behinderndes loslassen und dazu bereit sind, uns auf Fremdes und Unbekanntes einzulassen. Hier liegt unsere Chance für Veränderung, Wandel und Wachstum.

Mit geschlossenen Fingern, also mit Fäusten, fällt es schwer, einen anderen Menschen zu umarmen. Man kann so weder streicheln und liebkosen noch etwas anderes in seine Hände nehmen. Dazu müssen sich erst die Finger lösen.

Und doch gibt es Menschen, von denen ich den Eindruck habe, daß sie mit Fäusten durch ihr Leben gehen. Es fällt ihnen schwer, loszulassen.

Auch die Lebensfreude leidet darunter. Diese Menschen wirken oft angespannt und verschlossen.

Körperlich kann sich ein Festhalten unter anderem an Störungen der Atem- und Darmfunktionen festmachen.

Wenn Sie das Bild einer sich langsam öffnenden Faust annehmen können, stellen Sie sich doch bitte vor, wie Sie bei der Öffnung jeder Ihrer „zehn Finger" etwas loslassen, was Sie meinten, unbedingt noch festhalten zu müssen.

Betrachte bitte deine Finger ... wenn du sie zu Fäusten ballst ... und ... deine Hände nun von oben siehst ... die Finger sind auch weiter da ... doch kannst du sie aus dieser Sicht nicht sehen ... so ist es ... wenn du Fäuste machst ... auf diese Art ... und ... Weise kannst du weder dich ... noch einen anderen umarmen ... dafür muß die Faust erst einmal geöffnet werden ... und ... wenn du nun in deiner Phantasie zunächst einmal die linke Faust betrachtest ... so möchte sich zunächst der kleine Finger öffnen ... wenn du dir vorstellst ... du löst dich aus dem Raum ... in dem du sitzt ... oder ... liegst ... und ... träumst ... und ... spürst du den Finger an seiner rechten Seite ... so stelle dir bitte vor ... du kannst schon etwas besser lassen ... von dem du meintest ... du mußt es haben ... unbedingt ... und ... hast es doch nicht so erhalten ... wie du wolltest ... wenn sich der Ringfinger löst aus deiner Faust ... und ... gib dir Zeit dafür ... und ... Raum ... und ... wenn du an den Mittelfinger denkst ... kommt dir nicht ein Bild aus vergangener Zeit vor Augen ... eine Situation ... ein Mensch ... von dem du noch nicht Abschied nahmst ... von dem du dich noch nicht lösen konntest ... auch ... wenn du dachtest ... das ist schon lange her ... so kommt doch hin ... und wieder ... ein bestimmtes Gefühl ... ein Sehnen ... Hoffen ... oder ... Ärger in dir hoch ... und ... wenn sich dein linker Mittelfinger löst aus deiner Faust ... kann nicht dieses Bild ein wenig Abschied feiern ... bitte doch darum ... daß es so sein mag ... und ... wenn du den Zeigefinger spürst ... ist da nicht etwas ... das auf dich verweist ... eine Angewohnheit ... die immer mehr Besitz von dir zu greifen droht ... kann nicht dieser Finger auch sich öffnen ... wenn du diese Angewohnheit ... die ... vielleicht auch mit einem schlechten Gewissen verbunden ist ... entlassen ... und ... in dich hineinspüren ... ob wohl schon jetzt die Zeit dafür gekommen ist ... sich von ihr zu lösen ... ihr den Abschied zu geben ... den sie verdient ... und ... wie weit du auch gekommen bist in deinem Fühlen ... und ... Nach-Innen-Schauen ... achte doch nun bitte ... auf den linken Daumen ... der sich außerhalb der Faust befindet ... und ... nach der rechten Seite weist ... ... und ... wenn der Kreis sich schließen will ... und ... du den rechten Daumen der linken Hand dich spüren läßt ... laß dich doch noch weitere Kreise schließen ... und ... dabei den nächsten Finger spüren ... den Zeigefinger deiner rechten Faust ... der wieder einmal auf deinen Körper zeigt ... und ... wenn du dort nachspürst ... in diesen Ort ... auf den dein Finger weist ... vielleicht ... kannst du dort ... Druck ... und Spannung spüren ... etwas ... was in sich fest verschränkt ist ... und ... nicht gewohnt ist ... nachzugeben ... löse dich doch bitte auch von diesem Druck ... von dieser Sorge ... so weit du hier ... und ... heute kannst ... und ... dir dafür die Erlaubnis gibst ... wenn sich auch dieser Finger öffnen will ... und ... spürst du in die Mitte ... deiner rechten Hand ... und ... in deinen Körper ... so kannst du vielleicht Druck ... auf Brustkorb ... oder ... deinen Magen spüren ... wälze doch auch diesen Stein ... von deinem Körper ... deiner Seele ... und ... wenn du es nicht allein vermagst ... so laß dir bitte dabei helfen ... und ... spürst du den Finger deiner rechten Hand ... auf dem ein Ring sitzt ... oder ... keiner ... laß dich doch bitte spüren ... wer mitunter auf deinen Schultern zu sitzen scheint ... auf deinem Nacken ... und ... dich niederdrückt ... ist es ein Schuldgefühl ... die Last des Lebens ... der Druck der Arbeit ... oder ein bestimmter Mensch ... vielleicht die Mutter ... die dich nicht entlassen kann ... und ... dich so beengt ... vielleicht der Vater ... der nur Leistung fordert ... und ... dich dabei vergißt ... vielleicht ein Kind ... das Sorgen macht ... was es auch immer sein mag ... es ist dein Bild ... und ... dein Gefühl ... und nun ... bitte ... löse dich von dieser Last auf deinen Schultern ... befreie dich davon ... so ... weit ... und ... nah es dir auch gehen mag ... und auch hier ... kannst du dir natürlich helfen lassen ... und ... der letzte Finger ... .wenn auch er sich lösen will ... so entferne bitte zu einem guten Schluß ... auch noch die Nabelschnur ... wenn sie dich noch binden sollte ... an deine Mutter ... an dein Kindsein ... und ... schneide sie nun bitte selbst durch ... denn damals hat es ja eine andere getan ... und ... spüre doch bitte noch einmal in deine Hände hinein ... wie die Finger ... ausgestreckt nach außen weisen ... die Fäuste sind nun ... ich bitte dich ... gelöst ... das Blut ... und ... vielleicht auch dein Leben ... kann nun freier fließen ... und ... sich neue Wege suchen ... und ... wenn du die Augen wieder öffnest ... in diesem Raum ... spüre doch bitte die Veränderung ... in dir ... und ... deinen Händen ... .in denen du dein Leben hältst ... denn oft sind es ja die Hände ... die die meiste Arbeit tun ... so auch jetzt ... wenn du mit deinen geöffneten Händen ... über deine Augen streifst ... und ... siehe da ... sie sind noch in sich geschlossen ... doch wenn du sie nur weiter reibst ... kannst du sie wohl dadurch öffnen ... genau wie deine Fäuste ... und ... dann auf deine Hände blicken.

Meine Fragen an Sie:

- Wie sehr ist Ihr Leben im Fluß?
- Haben Sie manchmal das Gefühl, daß sich in Ihrem Körper ein Widerstand, eine Mauer befinden?
- Wenn ja, wo befinden sich diese?
- Sehen Sie Möglichkeiten, diese Mauer zu überwinden?
- Gab es Zeiten, als Ihnen alles leicht von der Hand ging?
- Wenn Sie Ihr Leben als Fluß betrachten und in Ihrer Phantasie von der Quelle bis zur Mündung gehen; an welchem Ort befinden Sie sich in Ihrem jetzigen Lebensabschnitt?
- Möchten Sie öfter als bisher ganz bewußt Ihre Fäuste öffnen?
- Gibt es jemanden oder etwas, an dem Sie noch allzusehr hängen?
- Können Sie sich vorstellen, großzügiger und weicher mit sich selbst umzugehen?
- Möchten Sie noch weiter daran haftenbleiben oder sich jetzt die Erlaubnis geben, sich davon zu verabschieden?
- Gibt es noch mehr in Ihrem Leben, was durch einen Wasserfall fortgeschwemmt werden kann?
- Können Sie sich vorstellen, sich von der Vergangenheit und von der Zukunft zu verabschieden, um so besser in der Gegenwart anzukommen?

Raum und Zeit für Fragen ganz nach Ihrer Art:

Stellen Sie sich bitte vor,

- Ihre Kiefer (Schultern) unterhalten sich mit Ihrer Wut.
- Sie segeln bei frischem Wind auf das offene Meer hinaus.
- Sie befinden sich im Dschungel und wollen sich eine Schneise durch das Dickicht bahnen. Nehmen Sie ein

großes Buschmesser und schlagen sich einen Pfad durch das Buschwerk.

- Sie lösen einen Verspannungsknoten in reinem Quellwasser auf.
- Sie lösen sich von einer alten Gewohnheit. Sie geben ihr Abschied.
- etwas, was ganz tief in Ihnen ist, löst sich auf einmal.
- Sie befreien sich aus alten Fesseln.
- Sie liegen losgelöst auf einem Floß und lassen sich einfach treiben.
- Sie ziehen eine Rüstung, eine Panzerung aus.
- Sie befinden sich auf einer Inselgruppe im Pazifik. Reisen Sie bitte von Insel zu Insel und lassen auf jeder von ihnen etwas zurück, was Sie loswerden, was Sie loslassen möchten.
- Sie hissen bunte Fahnen der Freude.
- Ihr ganzes Leben ist ein Meer mit Ebbe und Flut, mit Flaute und Sturm.
- es bricht ein Vulkan aus. Sie befinden sich dabei in sicherer Entfernung. Fühlen Sie von diesem Ort aus bitte in sich hinein, was auch in Ihnen aufbrechen möchte.

Raum und Zeit für innere Bilder ganz nach Ihrer Art:

Ich wünsche Ihnen,
daß Ihr Leben im Fluß ist.

Falls Sie sich schon längere Zeit an Stillstand gewöhnt haben sollten, möchte ich Ihnen vorschlagen, eine Reise zu einer Quelle zu unternehmen. Das kann ein kleiner Fußmarsch sein. Das kann aber auch eine regelrechte Wallfahrt zu einer berühmten oder auch nur Ihnen bekannten Quelle sein. Dies können Sie in Ihrer Phantasie aber noch besser ganz real unternehmen.

Das Quellwasser hat schon alle Kreisläufe dieser Welt mitgemacht; von einer Ewigkeit zur nächsten. Dabei will es nichts anderes als fließen.

Wenn großer Druck und Verantwortung auf uns lastet, tut es da nicht immer wieder gut, zu den einfachen Dingen zurückzukehren?

Ich wünsche Ihnen weiterhin, auf einen Berg zu gehen.

Das muß kein hoher Berg sein, dessen Erwanderung Anstrengung und Mühen erfordert. Ein kleiner Berg in Ihrer Nähe tut es auch.

Von oben aus gesehen ändern sich die Perspektiven, die Sichtweisen. Ein Problem erscheint uns in einem engen Tal bedrängender und größer als auf dem Gipfel eines Berges.

Man hat dort unten keinen guten Weitblick und verliert leicht die Übersicht über das, was wirklich wichtig ist.

Als drittes wünsche ich Ihnen, daß Sie sich einen Baum umarmen lassen. Das muß kein riesiger Baum sein. Der Kirschbaum Ihrer Kindheit ist genausogut dafür geeignet. Mit etwas Phantasie können Sie sich das Strömen des Lebenssaftes unter seiner Rinde vorstellen und die Tiefe seiner Wurzeln, die in das Erdreich hineinreichen, erahnen.

Baum und Berg wollen nichts weiter als dort stehen bleiben, wo sie sich befinden.

Wir Menschen müssen uns jedoch immer wieder lösen, immer wieder loslassen, damit unser Leben in gutem Fluß sein kann.

Ist es bei der Lösung von einer alten Geschichte nicht besser, Abschied zu geben als zu nehmen? Hat nicht jeder das Recht auf seinen eigenen Weg, wohin dieser auch letztlich führen mag?

Sie können immer wieder ankommen, zu einer anderen Zeit auf eine andere Art. Quelle, Baum und Berg warten auf Sie.

Auch, wenn Sie von einem geliebten Menschen getrennt werden, so verlieren Sie ihn doch nicht für immer aus den Augen, sehen Sie sich nie ein allerletztes Mal. Zumindest in Ihrer Phantasie wird er immer weiterleben können.

Beschützt und behütet werden

Beschützt und behütet werden. Eine innere Feier

Sie sind der Hüter Ihres Körpers, genauso wie umgekehrt Ihr Körper Sie schützt.

Der Körper schützt Sie zunächst durch seine Haut. Sie ist das größte Organ des Menschen. In der Hülle der Haut zeigen wir uns der Welt. Wir berühren durch sie unsere Mitwelt. Sie spiegelt unsere Innenwelt nach außen.

In der Beschaffenheit der Haut zeigt sich nicht nur unser körperlicher Zustand, sondern in ihr zeigen sich auch gleichzeitig unsere gesamten seelischen Empfindungen.

Dabei reagiert die Haut auf Vorgänge und Störungen unserer inneren Organe sowie auf das psychische Erleben. Andererseits leitet sie Empfindungen und Berührungen, werden diese nun als angenehm oder unangenehm empfunden, zu den inneren Organen weiter.

Wenn wir in der Betrachtungsweise über unser „Ich" hinausgehen, wird ein jeder von uns schnell erkennen, daß wir vielfachen weiteren Schutz erfahren: Wir können uns im Schoß unserer Beziehung, unserer Familie geschützt fühlen. Unser Haus, unsere Wohnung bieten Schutz. Das Land, die Kultur, in der wir aufgewachsen sind bieten uns Heimat. Darüber hinaus leistet die Atmosphäre unseres Planeten Erde Schutz vor Materie, die sonst aus dem Weltall auf uns fallen würde. Menschen, die ihren Glauben gefunden haben, suchen Schutz und Trost bei ihrem Gott, der Jungfrau Maria oder den Schutzheiligen.

Bei Licht betrachtet, sind wir wohl gar nicht so schutzlos, wie wir manchmal glauben möchten. Die Nacht, das Himmelszelt kann auch als Schutz verstanden werden; die Vorstellung, daß Verstorbene – vom Himmel aus – auf unser irdisches Treiben schauen können und uns bei Gefahren schützen, ist vielen Menschen sicherlich vertraut.

Wenn Sie sich mit dem Thema weiter auseinandersetzen möchten, werden Ihnen sicherlich Situationen einfallen, in denen Sie wohl glauben konnten, einen besonderen Schutzengel an Ihrer Seite gehabt zu haben.

Ein weiterer wichtiger Schutz für unser Leben ist das Immunsystem. Ohne Ihr Immunsystem könnten Sie keinen Tag, keine Stunde überleben.

In seiner Kindheit ist es schwach und angreifbar wie ein Baby. Doch es lernt schnell und nachhaltig. Es vergißt bis in sein hohes Alter nichts und ist auch dann immer noch aufnahmebereit für neues Lernen.

Es reicht, genau wie Sie, vom Scheitel bis zur Sohle und ist ein Universum im kleinen. Es besteht aus Milliarden von Lebewesen, die sich in viele Arten unterteilen, die unterschiedliche, exakt definierte Tätigkeiten erfüllen. Seine einzige Aufgabe besteht darin, sich selbst und damit Sie zu schützen.

Um diese Aufgabe optimal erfüllen zu können, arbeitet es im Team und tauscht unter seinen verschiedenen „Kollegen" ständig aktuelle Informationen aus.

Eigentlich ist kein Ausdruck zu hoch gegriffen, das Immunsystem zu loben.

Wir wissen noch sehr wenig über die Art seiner Intelligenz. Immerhin hat die Psychoneuroimmunologie, so nennt sich die Wissenschaft, die die Wirkungsweisen des Immunsystems erforscht, unter anderem herausgefunden, daß es praktisch alle körpereigenen Situationen beeinflußt.

In Ihrem Körper findet nichts ohne sein geheimes Wissen statt.

In seinem Perfektionsdrang, Schutz zu gewähren, kann es aber auch schon einmal übereifrig sein und bekämpft an sich harmlose Substanzen, die es eigentlich nicht gefährden. Diese fehlerhafte Immunreaktion kennen viele von uns durch sogenannte allergische Reaktionen.

Unter einer Allergie versteht man eine Reaktion der Überempfindlichkeit des Immunsystems auf körperfremde Substanzen, die sich in unterschiedlichen Krankheitsbildern äußert: Heuschnupfen, Bindehautentzündung, Hautausschläge und Asthma sind die verbreitetsten allergisch bedingten Krankheitsbilder.

Vorrangig geht es natürlich darum, die bekannten allergieauslösenden Substanzen zu meiden. Es ist mittlerweile eine Palette von Behandlungsmöglichkeiten entwickelt worden.

Grundlage jeder Reduktion allergischer Symptome ist jedoch Entspannung und innere Ruhe, gerade dann, wenn sich unser Körper in Aufruhr befindet. Innere Bilder der Ruhe, der Weite, der Beschaulichkeit, der Muße und des Friedens können hier weiterhelfen.

In der nächsten Phantasiereise lade ich Sie dazu ein, Ihr Immunsystem auf eine besondere Weise zu besuchen und mit ihm eine „innere Feier" zu veranstalten.

Falls es Ihre Gesundheit in der Vergangenheit gut behütet und beschützt haben sollte, können Sie ja die Gelegenheit nutzen und sich auf Ihre Art bedanken.

Wenn es, aus welchen Gründen auch immer, in der letzten Zeit geschwächt war, zu stark auf harmlose Eindringlinge, wie zum Beispiel Blütenpollen reagierte oder sogar körpereigene Zellen angriff, haben Sie nun die Möglichkeit, sich darüber auszutauschen, wie Sie, zu Ihrem beiderseitigen Wohl, zukünftig besser zusammenarbeiten können.

Denn auch Sie verfügen sehr wohl über Möglichkeiten, Ihr Immunsystem zu unterstützen. Dazu gehören unter anderem: gesunde Ernährung, körperliche Fitneß, eine positive und humorvolle Einstellung zum Leben und natürlich auch die Macht Ihrer Phantasie.

Stelle dir bitte vor ... deinem Knochenmark entströmen ... neue frische Zellen ... ein bunter Strom davon ... sie versorgen dich ... und ... deinen Körper ... und ... sind noch immun ... vor Langeweile ... und ... Routine ... stelle dir einfach vor ... sie sind ganz jung ... und ... frisch geboren ... neugierig noch ... und ... so verspielt ... wie kleine Kinder nun mal sind ... und ... tummeln sich in deinem Körper ... und ... lernen erst ... wie es die Alten machen ... die schon so erfahren sind ... .daß sie meistens wissen ... wer Freund ... und ... wer als Feind angetroffen werden kann in deinem Körper ... sie haben ein Gefühl dafür erworben ... wem sie vertrauen können ... und ... wem nicht ... .und ... so schwimmen sie zunächst gemeinsam mit den Eltern ... um das zu lernen ... wofür sie für dich geboren sind ... und ... spielen ... und ... toben ... ganz nach ihrer Art ... und ... balgen sich in deinem Körper ... daß es einem ganz warm um das Herz sein kann ... wenn man ihnen zuschaut ... in ihrem bunten Treiben ... dadurch lernen sie ... und ... schauen ... ganz begierig ... und ... mit Begeisterung zu ... wie sich die Eltern wehren ... und ... verteidigen ... und ... kämpfen ... mit erprobten ... und ... bewährten Mitteln ... wie sie einen Schwarm von Angreifern umkreisen ... und ... sie sich zu einer Einheit ganz zusammenfügen ... und dann ... wenn der rechte Augenblick gekommen ist ... stürzen sie sich auf die Feinde ... in ihrer Übermacht ... vertreiben ... und ... verschlingen sie ... das ist ihr gutes Recht ... doch dieses hitzige Gefecht ... löst manchmal richtig Fieber aus ... denn ... in der Wärme fühlen sie sich wohl ... und ... richtig angriffslustig ... und ... sind sie nicht genug ... um die Bedrohung zu bestehen ... senden sie Signale aus ... damit noch viele andere ... die an anderen Orten ... aber auch in deinem Körper wohnen ... sofort zu Hilfe eilen ... denn sie wollen ja ihr Zuhause schützen ... und ... verteidigen ... in dem sie alle ... und zwar ... lange schon ... zusammen leben ... die Kleinen lernen schnell ... mitunter gilt es sich zu tarnen ... vor allem dann ... wenn sie zuwenig sind ... um anzugreifen ... und ... auch ein Drohen nutzt nicht immer ... es kommt auf die Erreger an ... doch dann ... wenn erst genug von der Verteidigung beisammen sind ... und ... eine Überzahl besteht ... dann rücken sie in breiter Front ... mit viel Geschick ... und ... taktischem Verständnis ... selbstsicher ... und ... ganz ihrer Macht bewußt ... den ungebetenen Gästen auf eine Art zu Leibe ... daß es eine wahre Freude ist ... sie waren ja schließlich hier nicht eingeladen ... doch vernichten sie nicht alle ... die im Kampfe lahm geschlagen ... und ... nunmehr keine Kraft ... und ... Macht besitzen ... die lassen sie in Ruhe ... sie können vorerst bleiben ... denn ... ein richtiger Gewinner zeigt sich in seiner Größe ... und ... in jedem Haus ... wohnen doch auch Gäste ... die unserem Auge meist verborgen bleiben ... vorerst können sie ihr Leben fristen ... doch zunächst nur unter Aufsicht ... wenn sie sich vermehren ... und ... an Kraft gewinnen sollten ... müssen wohl auch sie vernichtet werden ... dann kommt der nächste Kampf ... doch besteht ihr Leben nicht nur aus Kämpfen ... und ... aus Töten ... sie können ... wenn sie wollen ... und ... keine Gefahr besteht ... auch durchaus fröhlich sein ... und ... Feste feiern ... so halten sie zusammen ... und ... stärken sich ... durch Trank ... und ... Tanz für neue Kämpfe ... die sie auch weiterhin natürlich gut bestehen können ... wenn auch du ... sie gut versorgst ... und ... wenn du dir vorstellst ... daß du in deinen Körper gehst ... es gibt so viele Wege ... aufmerksam ... und ... mit deinem ganzen Wesen ... dort gut anzukommen ... wähle doch den Weg ... der am besten passen will ... behutsam aus ... und ... nun ... warum denn nicht ... zusammen feiern ... es gibt doch immer guten Grund dafür ... so wirst du als ihr Häuptling sicher anerkannt ... und ... tief verehrt ... denn sie sind ja deine Helfer ... und ... Beschützer ... und ... die echten wahren Freunde ... denen du ganz vertrauen kannst ... sonst wärst du gar nicht mehr am Leben ... und ... ich wünsche dir ... du kannst dich auch bedanken ... und ... vielleicht sogar ein Geschenk hier überreichen ... vielleicht versprichst du etwas ... was du schon lange hegst ... und ... hältst sie auch ... diese Vereinbarung ... sie ist ja vor vielen ausgesprochen ... und ... ist deshalb auch verbindlich ... es wird die Arbeit ... dieses ganz besonderen Volkes ... vielleicht um einiges erleichtern ... doch ... falls dir ein anderes Geschenk ... ganz unvermittelt in den Sinn kommt ... was du geben ... und ... hier lassen kannst ... ist das auch in Ordnung ... und ... du weißt ... sogar als Häuptling ... kannst du vieles lernen ... wenn du siehst ... und ... hörst ... und ... spürst ... wie ihr zusammen feiert ... und ... wenn du spürst ... für dieses Mal ist es genug ... dann komme wieder ... ganz natürlich in diesen Raum zurück ... es gibt doch immer wieder Mittel ... und ... auch Wege ... von innen ... nach außen zu gelangen ... und ... dennoch gern im Inneren zu verweilen ... auch ... wenn es Zeit ist ... jetzt ... die Augen ganz zu öffnen ... und ... sich Zeit ... und ... Raum zu geben ... sich zu recken ... und ... zu strecken ... und ... deinen Tag zu feiern.

Wie gesagt, das Immunsystem ist der große Beschützer unseres Innenreiches. In Jahrtausenden der menschlichen Entwicklung hat es sich immer weiter ausdifferenziert und vervollkommnet und es bietet uns diesen Schutz lebenslang an.

Andererseits sind wir gefordert, unser Immunsystem zu schützen. Ungesunde Lebensführung, wie starker Genuß von Nikotin und Alkohol, schaden auch dem Immunsystem. Das ist bekannt.

Weniger im Bewußtsein vieler Menschen ist die Tatsache, daß die Art und Weise unserer Erlebnisverarbeitung das Immunsystem unterstützen oder eben schwächen kann.

Kränkungen, schmerzlich empfundene Niederlagen und Verluste sind oft die Vorboten eines Unfalls oder einer Erkrankung.

Der eine geht gestärkt aus einer Niederlage hervor, der andere trauert und beschließt für sich, möglicherweise ein Leben lang zu leiden und zu trauern. Der eine zieht sich nach solchen Erfahrungen aus der Welt zurück, verstummt und meidet.

Der andere trauert und beschließt nach dieser Lebensphase, neues Glück zu suchen und wagt sich wieder in das Leben. Er singt sein Lebenslied weiter, wenn auch so manches Mal in Moll.

Nehmen wir nicht automatisch mit dem Leben den Tod in Kauf, den Tod anderer und den eigenen?

Wir dürften uns doch kaum trauen, unser Bett zu verlassen, wenn wir uns nicht auch von guten Mächten beschützt fühlten.

Je mehr sich einer wirklich auf die Welt einläßt mit Haut und Haar, desto ungeschützter erscheint er. Er wird Enttäuschungen, Verletzungen, Trauer, Wut und Zorn wohl nicht vermeiden können.

Viele fliehen in Depressionen oder ziehen hinter Psychosen den Vorhang des Lebens zu. Andere suchen und finden als Ausgleich zur harten Arbeitswelt und zu zwischenmenschlichen Positionskämpfen Action, Reize, Tralala. Das geht eine Weile gut, doch hinter den Vorhängen des lauten Lebens lauern immer auch die Sinnfragen. Ist das das wahre Leben? Habe ich mir das so vorgestellt? Was ist aus meinen Illusionen, aus meinen Plänen geworden? Wozu bin ich da? Was wäre ohne mich? Wer bin ich eigentlich? Was fehlt mir? Woran glaube ich?

Die harte Welt da draußen will gut abgefedert, abgepolstert sein durch ein reiches Innenleben. Schmerzlich empfundene Niederlagen – und wer kommt ohne sie davon – machen aus einem Idealisten rasch einen Spötter und Lästerer, der sich auf nichts mehr wirklich einläßt und der mit nichts mehr etwas „am Hut" hat.

Die Angst ist der große Gleichmacher. Wer stets breitbeinig und unbeeindruckt von dem, was ihn umgibt, im Leben steht, hat viel davon. Wer auf keiner Party fehlt und stets ein flottes Sprüchlein auf den Lippen trägt, trägt schwer an ihr. Wer sich nicht mehr einläßt und nicht mehr auf der Suche ist, hat sich gänzlich in den Stricken der Angst verfangen.

Das Gewand der Angst besteht aus bunten und aus grauen Stoffen, ihre Maske aus vielerlei Gesichtern. Daher ist sie so schwer zu fassen. Wir schleppen sie wie eine unsichtbare Schärpe hinter uns her. So wird sie uns zum Schatten, der das volle Tageslicht bedroht und in der Nacht überfällt sie uns mit drohenden Gespenstern.

Könnten wir uns nicht besser vor ihr schützen, wenn wir sie ganz ruhig in unser Leben hineinlassen und ihr in unserem Haus Gastfreundschaft anbieten? In unserem Zuhause kennen wir uns aus und fühlen uns geborgener als draußen. Ist es nicht so, daß wir unsere Ängste vor einem bestimmten Menschen oder einer Situation eher überwinden, wenn wir uns auf ihn oder sie einlassen und auf einmal einen vertrauenerweckenden Aspekt auch in ihnen entdecken?

Als gute Gastgeber bieten wir Speisen, Getränke und vielleicht sogar ein Zimmer an und geben unserer Angst auf diese Weise einen Teil von uns. Als höflicher Gast, der die Angst auch sein kann, wird sie uns davor beschützen, uns auf wirklich gefährliche und selbstzerstörerische Abenteuer einzulassen. Das ist ihre gute Absicht. Das ist ihr tiefer Sinn.

Ich möchte Ihnen nachfolgend das Bild eines „Wendemantels" anbieten, der Sie durch seine besondere Machart schützen kann vor „Übergriffen" des Lebens.

Durch ihn werden Bosheit, Dummheit und Gleichgültigkeit auf der Welt nicht weniger. Sie können sie sich durch ihn nur besser vom Leibe halten.

Und ... wenn du wieder einmal ... in deine Phantasie eintauchen möchtest ... von der du weißt ... daß man in ihr ... bei Licht besehen ... wohl immer nur einen Teil betrachten kann ... dann ... wenn du etwas nur aus der Distanz ansiehst ... und ... dabei dich anschauen möchtest ... und ... ein anderes Mal ... vielleicht lieber einfach mitmachst ... und ... dabei sein möchtest ... um dann auf wundersame Weise ... in das Bild hineinzugehen ... so kann beides ... ganz natürlich ... ineinander fließen ... aber ... nicht zur gleichen Zeit ... in einem Mal geschehen ... jedenfalls ... ich wünsche dir ... daß du deine Neugier ... die ganz natürlich ist ... wieder einmal mitnimmst ... und dir vorstellst ... die Elfen ... haben ... einen Mantel ... nur für dich ... gewoben ... aus feiner Elfenseide ... Tag ... und ... wohl auch die ganze Nacht ... haben sie daran gewirkt ... und ... ihre feine Elfenkunst daran verwendet ... damit dich dieser Mantel schützen möge ... und ... wenn du ihn dir umlegst ... laß ihn dich fühlen auf deiner Haut ... aus welchem Stoff er wohl sein mag ... und ... wenn du an ihm herunter schaust ... in welche Farbe er getaucht war ... und ... wie alt du dich dabei wohl anfühlst ... jedenfalls ... du weißt ... er schützt dich ... und ... deine Haut vor Berührungen ... und ... auch vor Gefahren ... weil er auf seiner Außenseite aufgeladen ist ... mit Schwingungen ... die magnetisch wirken ... sie halten einfach alles von dir fern ... was dir sonst so nahe kommen will ... und ... mit seiner Innenseite schützt er das ... was in ihm verborgen ist ... nämlich dich ... und ... auch nach außen hin ... kann er den besten Schutz dir bieten ... den man sich nur vorstellen kann ... und bitte ... schau dir zu ... oder ... laß dich spüren ... wie du durch die Welt gehst ... auf diese Art ... geschützt ... und ... sicher wanderst ... in deinem wunderbaren Mantel ... und du ... in einer sicheren Entfernung ... geborgen gehen kannst

... und ... dir dabei ... ganz einfach ... die Welt vom Leibe hältst ... und ... bitte achte auf die Haut ... wie sie sich dabei fühlen mag ... in diesem anderen Zustand ... und ... wenn du es denn möchtest ... sprich mit ihr ... auf eure Art ... ob es ihr wohl auch gefällt ... und ... wenn du meinst ... für dieses Mal ist es genug ... dann bitte ... wende doch den Mantel ... und ... .nimm die andere Seite ... sie läßt dir Raum ... und Platz ... und ... hält guten Abstand zu der Haut ... und ... dadurch auch zu deiner Innenwelt ... und ... wenn der Mantel sich nach außen öffnet ... so kannst du dem ... was draußen ist ... und ... Einlaß in dir finden möchte ... vielleicht auch erlauben ... sich darauf einzulassen ... ohne ... daß es dich kränken ... oder gar ... verletzen könnte ... denn ... es dringt ja alles nur ... bis zu deiner zweiten Haut ... so kann vielleicht der Mantel ... den die Elfen machten ... wie eine zweite ... fast durchsichtige Haut ... dich schützen ... und ... behüten ... bestimmt nach innen ... und ... wohl auch nach außen ... und bitte ... stelle dir ein Erlebnis vor ... das dich vor langer Zeit erschreckte ... das du nun ... geschützt durch diesen Wundermantel ... dich einmal noch erleben läßt ... wenn du den Mantel wieder wendest ... kann es nicht so sein ... daß es nur milde ... wie von ferne dich ergreift ... bitte doch darum ... daß es so sein mag ... und ... noch ein Geheimnis kann dieser Mantel bergen ... er schützt dich um so besser ... je öfter du ihn trägst ... und ... wenn er einmal seinen Dienst versagen sollte ... so kannst du ganz natürlich ... auch die Elfen rufen ... die ihn webten ... oder ... die alte weise Frau im Brunnenraum ... .oder ... gar den Schein des Leuchtturms zu dir kommen lassen ... den du stets auf angenehme Art in deinem Rücken spürst ... und ... die Angst ... wenn sie denn kommen sollte ... in seinem vollen Schein ... womöglich gar verschlucken kann ... was ist nicht alles möglich ... wenn du die Phantasie zur Hilfe rufst ... und ... sie nur wirken läßt ... und nun ... du kannst den Mantel in aller Stille weitertragen ... es braucht ja sonst kein anderer darüber Bescheid zu wissen ... daß du den Wundermantel trägst ... jedenfalls von Zeit zu Zeit ... denn ... er kann noch mehr ... er schützt nicht nur die Haut ... und ... hütet vor den Menschen ... er kann auch ... wenn du möchtest ... und ... nur fest genug daran glaubst ... ein Zelt für dich bedeu-

ten ... in das du jemand bitten kannst ... dem du ganz vertraust ... und ... so kann der Mantel auch der Hüter ... der Beschützer ... von Innigkeit ... und ... Liebe sein ... und nun ... auch deine Augenlider bieten Schutz ... doch jetzt ... kannst du sie bitte öffnen ... weil ja auch der Mantel da sein kann ... und ... dich natürlich weiter schützt ... auch mit Augen ... die geöffnet sind.

Meine Fragen an Sie:

- Vor wem oder was glauben Sie sich zukünftig besser schützen zu müssen?
- Was für Möglichkeiten lassen Sie sich wohl zu Ihrem ganz persönlichen Schutz einfallen?
- Welche Beziehung pflegen Sie zu Ihrer Haut?
- Möchten Sie ein Bild zeichnen oder malen, in dem Sie sich ganz und gar geschützt vorkommen?
- Fällt es Ihnen schwer, klare Grenzen zu ziehen?
- Können Sie sich vorstellen, mit Ihrer Angst in eine Friedensverhandlung einzutreten?
- Möchten Sie Ihr Immunsystem einmal malen?
- Möchten Sie Ihrer Angst einmal ganz fest in die Augen schauen?
- Haben Sie schon einmal einen alten, mächtigen Baum ganz fest umarmt?

Raum und Zeit für Fragen ganz nach Ihrer Art:

Stellen Sie sich bitte vor,

- Ihre körpereigene Aura ist elektrisch aufgeladen und schützt Sie so vor anderen Menschen.
- Gottes Hände legen sich auf Ihre Stirn oder auf Ihren ganzen Körper.

- ein ganzes Lichtfeld umgibt Ihren Körper und hüllt ihn ein. Dadurch können Sie auch Ihre Haut gut schützen.
- Sie tragen – wie zu Karneval – eine Verkleidung, eine Maske, in der man Sie nicht erkennen kann.
- Ihr Immunsystem ist ein riesiger Wasserstrudel, der alles schluckt, was sich ihm nähert.
- Sie sind ein Schiff. Wo befindet sich Ihr Heimathafen?
- um Ihre Haut befindet sich noch eine zweite Haut, die Sie schützt.
- Sie reiben Ihre Haut mit einem ganz besonderen Öl ein, das die Elfen durch das Auspressen von Blumen, die in Ihrem Elfenreich wachsen, nur für Sie gewonnen haben.

Raum und Zeit für innere Bilder ganz nach Ihrer Art:

Ich wünsche Ihnen,
daß Sie sich immer besser schützen können vor unberechtigten Ansprüchen und Forderungen, die Ihre Umwelt an Sie stellt.

Bitte schützen Sie sich und Ihre Zeit. Können Sie wirklich etwas anderes besitzen?

Suchen Sie doch in Ihrer Phantasie und in der Realität Räume oder Orte in der Natur auf, wo Sie sich geschützt und gut aufgehoben fühlen.

Lassen Sie sich bitte auch in Ihrem Körper Heimat und Geborgenheit finden.

Wenn Sie Ihr Immunsystem in seiner Arbeit unterstützen möchten, dann wünsche ich Ihnen, daß Sie folgendes dabei beachten: Stellen Sie sich die Krankheitserreger als krank, schwach, ungeordnet, weich, farblos und „dumm" vor. Im Gegensatz dazu möchte ich Sie bitten, sich Ihr Immunsystem als stark, gesund, geordnet, gefestigt, farbintensiv, kampffreudig und „intelligent" vorzustellen. Bildliche Phantasien liefern Botschaften, die Ihr Immunsystem unmittelbar versteht. Wichtig dabei ist, daß Ihre inneren Bilder hierzu lebendig, durchsetzungsfähig und effektiv sind. Sie unterstützen Ihr Immunsystem so auf eine intelligente und phantasievolle Art und Weise. Dieses kann dadurch besser seine Angreifer in Schach halten und sich seiner „Haut" noch erfolgreicher wehren als bisher.

Freundschaft schließen und Frieden finden

Freundschaft schließen. Urwald-Phantasie

Wenn Sie dieses Kapitel lesen und derzeit krank sein sollten oder Schmerzen haben, so wissen Sie mittlerweile, daß Ihr Körper weder Ihr Feind noch Ihr Widersacher ist.

Er will Sie nur darauf aufmerksam machen, daß ihm etwas fehlt, was er unbedingt braucht, um für sich selbst und für Sie als ganze Person wieder störungsfrei zu arbeiten.

Dabei kann es nicht allein darum gehen, die Störung, egal wie sie aussieht und wie der Arzt sie nennt, abzustellen. Er ist keine kaputte Maschine, die nur geölt und repariert werden muß, um wieder funktionieren zu können. Das wäre zu kurz gegriffen. Natürlich kann eine Tablette, eine Massage, eine Operation vonnöten sein, damit Sie Ihre Arbeitskraft erhalten oder wiederherstellen und sich somit wieder gesund anfühlen.

So will es unsere Gesellschaft und so wollen es vielleicht auch Sie und die meisten Menschen, mit denen Sie zusammenleben.

In unserer westlichen Kultur sind wir es gewohnt, so zu reagieren, wenn irgend etwas mit unserer Gesundheit nicht stimmt.

Man geht zum Arzt, der in der Regel eine Diagnose stellt und Ihnen etwas verschreibt, was Ihnen hilft oder Ihnen eben nicht hilft. So weit, so gut. Sie sind jedenfalls erst einmal aus dem Schneider. Sie tun etwas für sich, weil Sie die verordneten Medikamente einnehmen. Wenn sich das jedoch häufig wiederholt, spüren Sie vielleicht irgendwann, daß dies nicht alles sein kann, sonst würden Sie ja gar nicht dieses Buch lesen. Es fehlt noch etwas.

Ich bin weit davon entfernt, die moderne Medizin zu verteufeln. Nicht umsonst sind viele Krankheiten, die früher Tausende und aber Tausende Menschen innerhalb kürzester Zeit dahingerafft haben, mittlerweile weitgehend ausgestorben.

Nicht umsonst werden die Menschen immer älter und sind auch im hohen Alter oft noch leistungsfähig, körperlich und geistig rege, was allerdings sicherlich auch noch auf andere Gründe zurückzuführen ist als nur auf die Fortschritte der modernen Medizin.

Selbstverständlich müssen wir in einem hochindustrialisierten Land ein anderes Verhältnis zu unserem Körper pflegen als in einem Eingeborenendorf in Zentral-Afrika oder in einer Siedlung der Hochebene von Tibet, weil wir ein anderes Gesundheitsbewußtsein, eine andere Tradition haben und eine anders geartete Umwelt vorfinden als dort. Wir können nichts kopieren, genausowenig wie ein Indianer oder ein indischer Guru unsere Art zu leben, unsere Art zu erkranken und unsere Art zu heilen, übernehmen könnte oder wollte.

Aber von anderen Kulturen lernen können wir doch, und ich meine, sehr viel. Was sich in Hunderten und Tausenden von Jahren dort als gültige und von der jeweiligen Stammesgemeinschaft oder dem Volk übereinstimmend als Medizin entwickelt hat, kann ja nicht grundsätzlich falsch sein, auch, wenn uns manche Behandlungsmethoden oft als „fauler Zauber" erscheinen mögen. Das gleiche mag jedoch ein Mensch aus einem völlig anderen Kulturkreis über unsere Behandlungsmethoden denken. Und auch das hätte seine Berechtigung.

In der Medizingeschichte alter Eingeborenenkulturen findet sich, bei aller Unterschiedlichkeit, jedenfalls immer die, oft unausgesprochene, Tradition der „Freundschaft mit dem Körper". Dies gilt sowohl für den Umgang des Menschen mit seinem Körper und der Seele aber auch für die Art des Verhältnisses mit seiner ihn umgebenden Natur, in die ja alles Lebendige eingebettet ist.

Gleicht nicht unser gesamtes Leben einem Garten, der immer wieder einmal von Ihnen gepflegt werden sollte, damit in ihm das wächst und er jenes gedeihen läßt und hervorbringt, was Sie zu einem fruchtbaren Leben benötigen?

Wenn Sie sich mehr und mehr mit dem Gedanken anfreunden und sich darauf einlassen könnten, den Unterschied zwischen der Krankheit und dem Symptom, in dem Sie sich ausdrückt, zu verstehen, wird sich Ihre gesamte Einstellung im Umgang mit Krankheit und Schmerzen verändern können.

Vielleicht können Sie sich dann immer öfter die Erlaubnis geben, das Symptom nicht länger als Ihren großen Feind zu betrachten, der unbedingt bekämpft und vernichtet werden muß.

Ich weiß, das klingt so einfach und ist doch so schwer.

Wie kann ich, so mögen Sie fragen, mit etwas Frieden schließen, das mich schmerzt, das meine Gesundheit gefährdet, vielleicht sogar nach meinem Leben trachtet?

Doch wenn Sie gegen das Symptom, wie immer es auch im einzelnen aussehen mag, kämpfen, so wissen Sie, daß sie den Kampf auch verlieren können. Auch, wenn Sie siegen sollten, so kann dieser Sieg immer nur ein Triumph für kurze Zeit sein. Die nächste kämpferische Auseinandersetzung kommt todsicher.

Der Körper vergißt nichts. Er behält alles, jeden Sonnenbrand, jeden Schmerz, jede Verletzung. Er verfügt geradezu über ein erschreckend gutes „Gedächtnis". Doch er kann auch verzeihen, wenn wir fortan gelegentlich auch für ihn Sorge tragen, so, wie er für uns sorgt, in jeder Sekunde unseres Lebens.

Wenn Sie sich annehmen und mögen mit allen Ihren Anteilen, auch denen, die Sie nicht so gerne an sich sehen, werden Sie auch immer besser Ihren Körper lieben lernen.

Wichtig ist auch, daß wir uns selbst verzeihen können. Damit befreien wir uns selbst und auch die anderen. Halten wir aber an dem Kummer und den Verletzungen fest, werden wir immer wieder an vergangenes Leid erinnert. Erst, wenn wir bereit sind, Altes loszulassen, kann wirklich Neues entstehen.

In der nächsten Phantasiereise möchte ich Sie mit meinen Worten in ein Dorf in einer Urwaldlandschaft begleiten.

Dort wird Sie die Hüterin Ihrer Bilder willkommen heißen und Sie auf ein Fest vorbereiten, auf dem nur Sie noch fehlten.

Sie können sich dort viele Freunde finden lassen und mit ihnen zusammen diese neuen Begegnungen feiern.

In dieser ganz besonderen Atmosphäre mag es Ihnen leichter fallen als in Ihrer gewohnten Umgebung, sich selbst neu zu begegnen und sich ganz fallenzulassen.

Oft geht es uns ja so, daß wir eine andere Umgebung benötigen, um uns auf andere Sichtweisen, auf eine neue Lebensphase einlassen zu können. Wir können so besser Abstand von unserem Alltag gewinnen und gleichsam aus einer höheren Warte zurückblicken und Bilanz ziehen: Das Leben kann so als eine bunte Kette von Begegnungen erscheinen. Bunte Perlen der Berührung reihen sich aneinander. Dazwischen lassen sich natürlich auch graue und schwarze Perlen, die von Schmerzen, Abschieden, Schuld und Ohnmacht zu uns sprechen, finden.

Urlaub kann so eine Zeit für uns sein; eine weitgehend von Pflichten und Problemen freigeräumte Zeitstrecke, die Sie zum stillen Weiterweben Ihrer Gedanken und Phantasien nutzen können.

In dem Dorf einer Urwaldlandschaft, in das Sie sich bitte gleich in Ihrer Phantasie begeben möchten, kann vielleicht alles noch ursprünglicher, farbiger und intensiver sein als Sie es von Ihrem Urlaubsort kennen. Wildheit und Sanftheit können hier, in einer „Urwald-Phantasie" womöglich zu einem Ausgleich kommen.

Auch, wenn Sie durch die Lebendigkeit und Andersartigkeit zunächst erschreckt sein mögen. Dies alles ist – ganz natürlich – auch in Ihnen. Dies alles sind – ganz selbstverständlich – auch Sie.

Laß Dich bitte noch einmal sehen ... und ... erleben ... wie du vor dem Brunnen stehst ... du weißt noch ... wie es damals war ... als du die Treppe hinabgestiegen warst ... in diesen Brunnen ... in deinen Bilderraum ... und dort ... der alten Frau ... der Hüterin deiner Bilder ... der Wächterin deiner Träume ... begegnet bist ... erinne-

re dich doch bitte ... wie es war ... und nun ... steige noch einmal hinab ... geleitet ... und ... geführt durch deinen inneren Schutz ... du weißt schon ... den vollen Schein des Leuchtturms ... der dir den Weg weist ... in deinen Brunnenraum ... und ... so kannst du wieder einmal ... Stufe ... für ... Stufe hinuntergehen ... und dann ... wenn du wohl unten angekommen bist ... laß dich doch wiederum spüren ... wie sich die Tür für dich von ganz alleine öffnet ... und ... wenn du den Raum betrittst ... so staunst du ... mit halb geöffnetem Mund ... wie mittlerweile so vieles anders hier geworden ist ... der Sessel steht noch da ... an seinem Platz ... doch die Bilder an den Wänden ... sie sind farbiger ... sie sind leuchtender geworden ... sie wirken auf dich so ... als ob sie von innen heraus intensiv strahlen ... und ... wenn du dich umgeschaut hast ... bitte ... drehe dich um ... und ... laß dich bitte sehen ... wie du nun vor einem großen gerahmten Bild stehst ... das die gesamte hintere Wand einnimmt ... ein besonderes Bild ... das Bild eines Dschungels ... das Bild ... einer geheimnisvollen Urwaldlandschaft ... und ... die Farben des Bildes sind so plastisch ... so greifbar für dich ... daß du fast meinst ... das Bild ... einatmen zu können ... so lebendig wirkt es auf dich ... und ... so ist es nur noch ein kleiner Schritt ... durch den Rahmen ... einfach in das Bild hineinzugehen ... hineinzugehen ... mit deiner Aufmerksamkeit ... und ... deiner ganzen Gestalt ... und dann ... wieder den Boden ... unter deinen Füßen zu spüren ... eine angenehme Walderde zu spüren ... und ... in den Dschungel hineinzulauschen ... und ... du spürst ... wie du ... Schritt für Schritt ... tiefer in den Urwald hineingelangst ... auf einem Pfad ... der sich durch den Dschungel schlängelt ... und ... mit jedem Schritt ... den du tust ... riechst du den Geruch fremder Kräuter ... der um so intensiver wird ... je näher du dem Dorf kommst ... aus dem nun ... von einem feinen Wind getragen ... rhythmische Musik zu dir dringt ... und bitte ... laß Dich sehen ... wie du mit Deiner ganzen Gestalt ... nun in das Dorf hineingehst ... und ... wie einige Eingeborene ... sich aus ihrer Gruppe lösen ... und ... dich freundlich begrüßen ... dich begrüßen auf ihre Art ... und ... Weise ... und ... an ihrer Spitze befindet sich die alte Frau aus dem Bilderraum im Brunnen ... die dich anlächelt ... dich freundlich willkommen heißt

… und … dir eine Schale … mit einem Begrüßungstrank überreicht … den du trinken … .und … dabei riechen … und … schmecken … und … spüren … kannst … wie die Flüssigkeit so angenehm … durch deine Kehle rinnt … und … sich wohltuend im Magen verteilt … und … wohl das Gefühl in dir aufkommen kann … eine neue … eine gute Erfahrung zu machen … und da wird dir erst klar … wie anmutig … natürlich … und … heiter sich die Menschen an diesem Ort bewegen … und … wie sie dir zulächeln … als seist du schon immer einer von ihnen gewesen … und … laß dich bitte erleben … wie die alte Frau auf dich zukommt … dich an die Hand nimmt … und … auf den Dorfplatz führt … und … dich dort stumm bittet … auf der Erde … Platz zu nehmen … auf deine Art auf dem Boden zu sitzen … und … zu sehen … wie die Kinder … um dich herum … dich neugierig betrachten … vielleicht mit einer Hand über deine Kleidung streifen … und … lachen … und … die alte Frau nun mit einer Schale aus Holz zu dir kommt … worin verschiedene intensive Ölfarben enthalten sind … sich zu dir hockt … und nun … nach Stammessitte … dein Gesicht bemalt … und bitte … spüre die Berührung deiner Haut … und … den intensiven Geruch … der von diesen Naturfarben ausgeht … und … alles … was an diesem Ort … noch so neu … und … unbekannt für dich ist … deine Augen … deine Ohren … deine Haut … dein Gefühl … deine Stimme … wenn du sprichst … oder … schweigst … während die alte Frau dein Gesicht bemalt … und … vielleicht hast du das Gefühl dafür … daß du neue Freunde gefunden hast … daß du nun aufgenommen bist in ihrer Mitte … daß du nun wirklich dazugehörst … und … so kann sich vielleicht schon jetzt … an diesem Ort noch anderes verändern … dann … wenn du wieder aufstehst … dich bei der alten Frau bedankst … für dein neues Aussehen … vielleicht dein Gang … vielleicht das Gefühl für deinen Körper … gerade dann … wenn du siehst … wie nun ein Fest im Dorf gefeiert wird … und alle sich darauf schon vorbereitet haben … .und … freudig darauf warteten … und nur DU … noch fehltest … und … laß dich bitte schauen … wie die Eingeborenen sich im Rhythmus der Musik bewegen … so geschmeidig … und … anmutig … als ob ihre Körper nur dazu geboren sind … sich zu wiegen … und … sich

der Stimmung ... und ... der Musik ... hinzugeben ... und ... auch du ... vielleicht kannst du dich anregen ... mittragen ... ausfüllen ... anstecken lassen ... von dieser Atmosphäre ... und selbst ... mittanzen ... und ... deinen Körper ... hier an ... diesem Ort ... auf eine besondere Weise erleben ... die Musik ... der Dschungel ... die fremdartigen Gerüche ... die Menschen ... und ... ihre Sitten ... und Gebräuche ... einfach natürlich ... und ... lebendig ... farbig ... und ... sinnenfroh ... und bitte ... gib dir Zeit dafür ... dich alles dieses erfahren zu lassen ... und ... vielleicht konntest du auf diese Weise ganz bei dir sein ... so ... daß du jetzt erst spürst ... wie sich eine Wolkenwand aufgebaut hat ... über dem Eingeborenendorf ... und ... dort hinten ... erste Blitze aus den Wolken zucken ... und ... ein Donnergrollen hinterher ... und ... auf einmal ... ein leiser ... feiner Regen einsetzt ... der ... immer stärker wird ... bis er auf dich regelrecht herunterprasselt ... und bitte ... gib dir doch die Erlaubnis ... zu spüren ... wie es sein kann ... in einem warmen tropischen Regen zu tanzen ... die nasse Kleidung auf der Haut ... und die Landschaft um dich herum ... durch die dampfende Nässe ... durch die Regennebel ... unwirklicher wird ... verschwimmt ... zu farbigen Klecksen ... und ... zu erleben ... wie es ist ... in einer Wolke zu tanzen ... und ... doch dabei den Boden zu spüren ... und deinen Körper ... das Leben in seinen fließenden rhythmischen Bewegungen ... alles dies ... kann hier ... an diesem Ort ... zu dieser Zeit ... ganz einfach ... so selbstverständlich sein ... und ... genauso ... wie der Regen gekommen ist ... ganz plötzlich ... hört er auf ... der Boden dampft vor Nässe ... alles ist nun leuchtender geworden ... alles ist einfach bunter geworden ... vielleicht sogar auch in dir ... spüre doch einmal nach ... und ... du weißt ... daß für dieses Mal ... auch die Stunde des Abschieds gekommen ist ... du spürst ... wie deine Kleidung wieder trocknet ... durch den leichten Wind ... und ... du nun zu der alten Frau gehst ... die dein Gesicht auf ihre Art ... veränderte ... und ihr nun auf eine neue Art ... Abschied gibst ... Abschied von ihr ... von diesem geheimnisvollen Ort ... von dieser besonderen Zeit ... wo du vielleicht ... für eine Weile ... ganz bei dir sein konntest ... wie selten nur ... und ... es jetzt wieder Zeit wird ... Zeit zu gehen ... aus diesem Dorf ... in den Dschungel hinein ... von wo du hergekommen bist ... auf jenem Pfad ... und dann ... wenn du dort angekommen bist ... bitte ... erlaube dir doch ... die feuchte Dschungelerde mit deinen Händen zu fassen ... in sie einzutauchen ... sie zu kneten ... sie zu formen ... mit beiden Händen zu greifen ... sie intensiv zu riechen ... sie wahrzunehmen ... und ... die Kraft ... die in ihr vereint ist ... ihre Urwüchsigkeit zu spüren ... und dann ... wenn du diesen Pfad weitergehst ... so ... laß dich bitte sehen ... und ... erleben ... wie du durch den Rahmen trittst ... und dann ... mit deiner ganzen Gestalt wieder in deinem Bilderraum im Brunnen angekommen bist ... und ... dieses Mal ... zunächst bitte dort die Augen aufschlägst ... um noch eine kleine Weile hier zu bleiben.

Frieden finden. Das dritte Bild

Vielleicht kennen Sie das geflügelte Wort: „Kämpfe, die man nicht gewinnen kann, soll man erst besser gar nicht führen."

Genauso können Sie jeden Kampf, den Sie mit einem Leiden, einer Krankheit, einem Gebrechen führen, natürlich auch verlieren.

In dem Moment, wo Sie kämpfen, machen Sie sich angreifbar.

In dem Augenblick, in dem Sie sich dafür entscheiden, Frieden zu schließen, kann Verzeihung, kann Versöhnung geschehen. Versöhnung macht wieder weich, was vorher verspannt und hart war.

Sie wissen bereits, daß Ihr Körper nichts vergißt. Doch er vermag noch viel mehr: Er kann auch verzeihen und tiefe Wunden schließen. Die Zeit ist dabei sein Partner und treuer Weggefährte.

Es ist für mich immer ein kleines Mysterium zu beobachten, wie sich eine Wunde ohne mein bewußtes Dazutun wieder von selbst schließt.

Dies gilt auch für seelische Verwundungen, für Abschiede und Trennungen, die zwar im Spiegel der Vergangenheit seltsam wohlig schmerzen können – bei Licht betrachtet – unser Lebensschiff letztlich zu neuen Häfen führten.

Unsere Körperzellen erneuern sich ständig. Die Aufgaben verletzter Hirnzellen werden – in Grenzen – durch andere wahrgenommen; die Funktionen von Leber und Lunge können sich – auch nach jahrzehntelangem übermäßigem Alkohol- und Nikotingenuß – vollständig regenerieren.

Ich meine, das sind gute Botschaften für Wandel und Erneuerung, gute Zeiten, Absichten und Einstellungen, die uns nicht weiterbrachten, sondern uns beim alten, wohlbekannten verharren ließen, zu überprüfen.

Veränderungen haben Ihren Ursprung in unserer Phantasie. Nur das, was wir uns vorstellen können, kann auch seinen angemessenen Platz in unserer Realität finden.

Darum möchte ich Sie bitten, in der nächsten und letzten Phantasiereise dieses Buches sich Ihre Bilder selbst malen zu lassen.

Das Angenehme daran ist: Sie brauchen nichts dafür zu tun.

Sie können in dem so bequemen Sessel in Ihrem Bilderraum im Brunnen sitzen bleiben und dort die Augenlider schließen. Alles andere können Sie so belassen, wie Sie es vorfinden. Eine Wunde schließt sich ja auch von ganz allein.

Will etwas zu Ihnen kommen, sich etwas Neues, Ungewohntes erschließen, bedarf es nur der Neugier, der Erwartungsfreude sowie offener Hände.

Wenn ich mir eine Vorstellung im Kino, im Theater oder in der Oper anschaue, bin ich ganz neugierig darauf, was ich wohl sehen und erleben werde, wenn sich der Vorhang vor meinen Augen öffnet.

Bei manchen Inszenierungen von Theaterstücken befindet sich hinter dem ersten Vorhang noch ein zweiter oder gar ein dritter, die sich im Verlauf der Handlung öffnen. Als Zuschauer müssen wir darauf warten, bis es soweit ist.

Wenn Sie später Ihre Augen schließen, öffnet sich – natürlich nur für Sie – der nächste und vielleicht auch der übernächste Vorhang.

Gehen Sie dann – in Ihrer Vorstellung – auf die Bühne, können Sie gleichzeitig Autor, Dramaturg und der Akteur der Handlung sein.

Achten Sie bitte wieder einmal ganz besonders auf die Mitte. Die Zahl „drei" steht nicht umsonst im Ruf, eine ganz besondere Zahl zu sein.

Oft ist es nicht bereits die linke und die rechte Tür, hinter denen wir uns etwas finden lassen können, nach dem wir suchen.

Es kann auch gut die mittlere, die dritte sein.

In diesem Fall wünsche ich Ihnen, daß Sie mit allen Ihren Sinnen und Ihrer ganzen Aufmerksamkeit in dieses „dritte Bild" hineingehen mögen.

Es wird so groß, so weit und so tief sein wie der Rahmen und die Zeit, die Sie ihm geben und ihm lassen.

Und nun ... möchte ich dich ganz herzlich bitten ... noch eine Zeitlang hierzubleiben ... in dem Raum ... wo du die Quelle deiner Bilder ... den Brunnen deiner tiefen Träume in dir gesucht ... und ... .ich wünsche dir ... wohl auch gefunden hast ... oft ist es ja so ... .daß man sucht ... und ... sucht in sich ... und ... findet keine Antwort ... doch ... wenn man dieses Suchen einmal ganz beiseite schiebt ... und ... gar nicht daran denkt ... liegt auf einmal ... die Antwort klar vor Augen ... so kann es sein ... wenn man sich tief im Brunnenraum ... im Quellbereich der Seele befindet ... und ... wenn du wieder einmal ... wie schon mehrmals ... in deinem Sessel sitzen kannst ... du weißt schon ... ganz für dich allein gemacht ... dann schaue bitte ... zur linken Seite ... auf ein Bild ... du kannst dich mit dem Sessel drehen ... und ... dieses Bild hat ... einen Rahmen ... es hängst dort an der Wand und ... ist innen ... weiß ... und ... leer ... laß es bitte deine Phantasie von selbst malen ... du hast in deinem Brunnenraum doch alles ... was du benötigst ... du brauchst es nur zu nehmen ... und bitte laß ein Bild entstehen ... male ein Bild von Bildern ... ganz nach deiner Art ... und ... alles ... was da zu dir kommen will ... in deiner Phantasie ... begrüße freundlich ... und ... heiße es willkommen ... und nun ... bitte löse dich von diesem Bild ... das links gehangen hat ... und ... wende dich nach rechts … auch hier befindet sich ein leerer Rahmen … das Bild darinnen … ist auch noch nicht entstanden … vielleicht kannst du in deinem Sessel … und … deiner so bequemen Haltung … aus deiner Sicht heraus … ein Bild entwerfen … und … es selbst malen … vielleicht ein Bild von dir … von deinem Körper … .ein inneres Bild … wo du gesund sein kannst … ein Ort in der Natur … wo du dich gut anfühlst … ich weiß es nicht … genau wie du … doch … gibst du dir Raum … und … Zeit genug dafür … wird sich auch dies Bild einstellen … und … auch dieses Mal löse dich … und bitte … wende deinen Blick … genau in die Mitte zwischen beiden Bilderrahmen … dort ist ein dritter anzutreffen … der wohl vom Boden bis zur Decke reicht … so groß ist er … und … braucht viel Platz … und … kann in seiner Größe … die Bilder von links … und … rechts in sich vereinen … und … so zu einer Brücke zwischen beiden werden … und … gib dir Zeit … und Raum … dies dritte Bild … in deiner Phantasie … zu malen … und … wenn es dir gelingen will … auch mit dir selbst hineinzugehen … so laß dich bitte alles tief erleben … was jetzt zu dir kommen will … und … in deinem stillen Suchen … bitte einen tiefen Frieden finden … und … wo du auch bist mit deiner Phantasie … im Brunnenraum … oder … in deinem dritten Bild … laß dich noch einen Spiegel sehen … in dem du dich betrachten kannst … Hände … Arme … Beine … Brustkorb … und Gesicht … und … wenn du dein Gesicht betrachtest … kannst du da nicht auch ein Lächeln wiederfinden… das sich im Spiegel vor dir zeigt … wirken deine Züge … jetzt nicht weicher … und … entspannter … in milden Farben … wie bei Gegenlicht … du weißt … ich wünsche dir … daß es so ist … oder … später kommen mag … daß ihr gute Freunde seid … dein Körper … deine Seele … und … alles das … was ganz zu dir gehört … und … bist du in deinem Bild versunken … und … in dich selbst vertieft … so kann sich dieses Bild von dir im Spiegel lösen … es kann hinter diesen Spiegel treten … quasi durch sich selbst hindurch … und … von dort auf weitere Reisen gehen … ein anderer Teil von dir kann ruhig im Brunnenraum … im Sessel sitzen bleiben … und … in sich nachschauen … was der erste wohl noch unternehmen mag … ein dritter wiederum … kann hier sitzen … oder … liegen … und … sich verwundert ruhig die Augen reiben

... und ... vielleicht erstaunt sein ... was nicht alles möglich ist ... wenn man sich etwas wünscht ... und ... sich erlaubt ... daß es in Erfüllung geht ... ich wünsche dir ... daß du nun die Augen öffnest ... dich reckst ... und ... streckst ... und bitte ... dich gut anfühlst.

Meine Fragen an Sie:

- Möchten Sie sich noch einmal die Waage Ihrer Gesundheit vorstellen und nachschauen, ob sich etwas geändert hat oder ob Sie jetzt etwas verändern möchten?
- Wenn Sie Ihr bisheriges Leben als eine Geschichte betrachten: Wie lautet ihre Überschrift, ihr Titel?
- Sind Sie sich selbst ein guter Freund?
- Wo können Sie sich wirklich Frieden finden lassen?
- Möchten Sie sich – in Ihrer Phantasie – einmal selbst umarmen?
- Gibt es etwas, was Sie sich nie verzeihen werden? Wenn ja, warum?
- Können Sie sich vorstellen, daß Ihre Erkrankung/ Schmerzen einen tiefen Sinn in sich bergen, auch, wenn Sie diesen noch nicht zu erkennen vermögen?
- Möchten Sie ein Bild malen, das für Sie Frieden verkörpert?

Raum und Zeit für Fragen ganz nach Ihrer Art:

Stellen Sie sich bitte vor,

- Ihre einzelnen Körperteile sind ein Sinfonieorchester und spielen zusammen eine wunderschöne Melodie.
- Sie schreiben einen Brief an Ihre Krankheit oder Ihre Schmerzen.
- Sie rauchen mit Ihrem Immunsystem zusammen eine Friedenspfeife.

- Sie befinden sich auf einem Schiff und sind gleichzeitig im Wasser. Werfen Sie sich von dem Schiff aus einen Rettungsring zu.
- Sie schreiben einen Brief an Ihren Körper, in dem Sie ihm danken und um Verzeihung bitten.
- Sie schreiben mit einem dicken Filzstift das Wort „Frieden" auf Ihren Bauch. Dort können Sie es morgens, abends und, wann immer Sie es wollen, lesen.
- Stellen Sie sich vor, Sie pflanzen sich in Ihrem Lebengarten neu als kleinen Baum und schauen sich dabei zu, wie Sie aufwachsen.
- Sie öffnen in Ihrem ganz persönlichen Adventskalender Türchen für Türchen. Lassen Sie sich bitte jedesmal Bilder des Versöhnens, des Verzeihens und der Freundschaft in ihm finden.

Raum und Zeit für innere Bilder ganz nach Ihrer Art:

Ich wünsche Ihnen von ganzem Herzen,
daß es Ihnen immer besser gelingen möge, sich selbst der beste Freund zu sein und Frieden mit sich und der Welt zu schließen.

Ihre Waage der Gesundheit wäre so ins rechte Lot gerückt.

Das menschliche Leben birgt viele Sackgassen und Widerstände. So manches Mal hilft die Hoffnung weiter, daß das Leben uns weiter tragen kann. Glaube, Hoffnung und Liebe öffnen uns weitere Brücken, mit denen wir Widerstände überwinden können.

Hoffnung ist die Triebfeder in uns, das Wasser auf die Mühlen der Verzagtheit.

Wir können der Natur so vieles abschauen. In unserem Lebenskampf gegen Krankheit, Gebrechen und Not werden wir das Meer nicht durch die Errichtung von Betonmauern zähmen können. Es ist besser für uns, sanft ansteigende Hügel zu bauen, woran die Wellen Auslauf haben.

Natürlich sind wir alle Wiederholungstäter. Wir werden die gleichen Fehler begehen, in dieselben, überwunden geglaubten Denkmuster und Unarten zurückfallen. Wir werden in unseren Köpfen immer wieder Stimmen, Tonbänder alter Zeiten vernehmen. Wir werden immer wieder einmal die Decke über die Köpfe ziehen, die Welt als ungerecht empfinden und uns selbst bedauern.

Aber wir leben, auch wenn wir körperliche oder seelische Schmerzen empfinden, auch wenn wir krank sind oder traurig. Vielleicht können wir uns im Alter wieder erlauben, kindlicher, natürlicher zu sein, dann, wenn die Wellen des Lebenskampfes sich an unseren Deichen müde gerollt haben.

Freundschaft schließen. Frieden finden. Sie können denken. Sie können sich in Ihrer Phantasie neben sich stellen und sich selbst über die Schulter schauen. Sie können unterbrechen, sich Einhalt gebieten. Sie müssen so nicht weitermachen. Sie können sich immer wieder neu entscheiden.

Giesen (1994) formulierte das sehr schön: „Unter jeder Asche wächst ein neues Leben. Auf mühsamen Wegen, oft im Kreis oder sich zu einer Spirale erweiternd, in größeren Bögen, mit weiten Spielräumen für ein ‚Nein' oder ein ‚Ja'."

Aber in jedem Fall ein Leben ganz nach Ihrer Art.

Das wünsche ich Ihnen ganz besonders.

Anhang

I. Körperbilder

Kopf/Gesicht

Sich den Kopf zerbrechen, das bereitet mir Kopfschmerzen, über den Kopf wachsen, blind vor Wut, die Augen vor etwas verschließen, mir dreht sich alles im Kopf, das ist zum Haareausraufen, es klingelt mir in den Ohren, den Kopf oben behalten, den Kopf hoch tragen, den Kopf verlieren, ein saures Gesicht machen, das Gesicht wahren, ein Schlag ins Gesicht, im Schweiße des Angesichts, ein Dorn im Auge sein, Augenwischerei, ins Auge gehen, große Augen machen, blind oder taub für etwas sein, kurzsichtige, weitsichtige Entscheidung, Augenbrauen hochziehen, Großmaul, die andere Wange hinhalten, die Stirn bieten, die Ohren offen halten, steif halten, sich etwas hinter die Ohren schreiben, ein offenes Ohr finden, die Nase rümpfen, sich an die eigene Nase fassen, einen guten Riecher haben, einen Menschen nicht riechen können, die Nase voll haben, über etwas verschnupft sein, die Nase in alles stecken, haarsträubend, verbissen sein, zähneknirschend, es verschlägt mir die Sprache, den Mund zu voll nehmen, Haare auf den Zähnen haben, die Zähne zusammenbeißen, die Augen sind größer als der Magen, sich die Ohren zuhalten, die Ohren auf Durchzug stellen, Haarspalterei, der Kopf dröhnt mir, eine haarige Situation, eine Kopfnuß geben, die Nase rümpfen, Schnapsnase, eine saure Miene machen, gute Miene zum bösen Spiel machen, eine Lippe riskieren, eine Leidensmiene aufsetzen, das Gras wachsen hören, wie ein Blinder, ein falscher Zungenschlag, tönen wie ein Lautsprecher, blindlings, zahnlos, mit gespitztem Mund, aus den Augen – aus dem Sinn, das Maul aufreißen, sauer aufstoßen, die Nase in alles stecken, die Augen aufmachen, die Haare stehen mir zu Berge, ganz Ohr sein, Schleckermäulchen, Kußmund, genasführt, Ohrwurm, die Augen offen halten, Sorgenfalten, die Wände haben Ohren, mit gespaltener Zunge reden, Kopfgeburt, Gehirnjogging, Speichellecker, einen kleinen Mann im Ohr haben, aussehen wie ausgespuckt, mir bleibt die Spucke weg, Biß haben, den Kopf waschen, aus dem letzten Loch pfeifen, aus den Ohren rauskommen, den Kopf hinhalten, den Rand halten, die Zähne zeigen, nach etwas schielen, der Zahn der Zeit, maulaffenfeil halten, die Klappe halten, große Klappe haben, an den Haaren herbeiziehen, wie Schuppen von den Augen fallen, sich die Birne zugießen, schwarz vor Augen werden, kühlen Kopf bewahren, Augen wie ein Falke, Dachschaden, Oberstübchen, das Schweigen im Walde, den Kopf einziehen, die Stirn in Falten legen, Lippenbekenntnis, die Farbe weicht aus dem Gesicht, von den Lippen ablesen, im Hinterkopf haben, die Backen aufblasen.

Rücken, Rückgrat, Hals

Überflüssig wie ein Kropf sein, einen Kloß im Halse haben, mir platzt der Kragen, da sitzt mir etwas im Nacken, ein Mensch ohne Rückgrat, dem wurde das Rückgrat gebrochen, katzbuckeln, sich etwas auf den Buckel laden, ein breites Kreuz haben, den Buckel runterrutschen können, ein aufrechter Mensch, das Wasser steht mir bis zum Hals, zuviel auf den Hals geladen bekommen, den Hals nicht voll bekommen, Geizhals, Geizkragen, hartnäckig, halsstarrig, das kann dich den Hals kosten, das kann dir das Genick brechen, den Hals recken, sich etwas aufhalsen, kalt den Rücken herunterlaufen, in den Rükken fallen, das Lachen bleibt mir im Halse stecken, auf die Knochen gehen, sich etwas aus den Rippen schneiden, etwas schultern, auf die leichte Schulter nehmen, über Kreuz sein, mit dem Rücken zur Wand stehen.

Arme / Hände

Mir sind die Hände gebunden, es juckt mir in den Fingern, zwei linke Hände haben, mit den Schultern zucken, auf den Arm nehmen, Ellenbogenfreiheit, die Hand reichen, mit Herz und Hand, aus den Händen gleiten, mit vollen Händen geben, mit leeren Händen kommen, sich etwas aus den Fingern saugen, den Finger auf die offene Wunde legen, um den Finger wickeln, auf die Finger klopfen, die Daumen drücken, gut von der Hand gehen, ein Händchen für etwas haben, eine Faust in der Tasche machen, die Hände rühren, aus der Hand geben, etwas mit Händen greifen können, händeringend, mit nacktem Finger auf angezogene Menschen zeigen, unter den Nägeln brennen, Hand und Fuß haben, die Finger in etwas reinstecken, unter die Hände kommen, etwas aus dem Handgelenk schütteln, einen Fingerzeig geben, mit offenen Armen empfangen, auf den Fingernägeln brennen, Daumenschrauben anlegen, die Flügel gestutzt bekommen, nicht hinter der Hand halten, mit den Achseln zucken, schlimmer Finger.

Beine / Knie / Füße

Sich (k)ein Bein ausreißen, mit beiden Beinen auf dem Boden stehen, mit dem falschen Bein zuerst aufstehen, mit schlotternden Knien, übers Knie brechen, auf eigenen Füßen stehen, bis in die Zehenspitzen hinein, kalte Füße bekommen, die Beine unter den Füßen weggezogen bekommen, wieder auf die Beine kommen, etwas an den Hacken haben, Fersengeld geben, Lügen haben kurze Beine, auf Zehenspitzen gehen, auf die Knie fallen, auf leisen Sohlen, aus dem Tritt kommen, die Füße küssen, auf der Stelle treten, wie angewurzelt stehen bleiben, einen Stoß vor das Schienbein bekommen, Bodenhaftung, Kniefall, Krebsgang, Fersengeld bezahlen, auf großem Fuß leben.

Haut / Haare

Dünnhäutig, dickhäutig, man möchte aus der Haut fahren, Gänsehaut bekommen, eine haarsträubende Situation, nicht in jemandes Haut stecken mögen, mit Haut und Haar, in Kontakt bleiben, es juckt mich, etwas zu tun, das kratzt mich nicht, unter die Haut gehen, sich wohl in seiner Haut fühlen, zittern wie Espenlaub, eine Haut aus Samt und Seide, an die Wäsche gehen, gefedert und geteert, das schmerzt wie eine alte Narbe, schweißgebadet, im Schweiße meines Angesichts.

Herz / Blut

Es drückt mir das Herz ab, sich etwas zu Herzen nehmen, Herzeleid, nach Herzenslust, sein Herz verlieren, treuherzig, warmherzig, hochherzig, hartherzig, unbarmherzig, gebrochenes / blutendes Herz, mit ganzem Herzen bei der Sache sein, herzlos, offenherzig, das Herz verschenken, herzen, ein offenes Herz haben, das Herz auf der Zunge tragen, Sonne im Herzen haben, heißblütig, schwerblütig, Blut ist ein ganz besonderer Saft, Blutsauger.

Verdauungs- / Sexualorgane

Auf den Magen schlagen, alles in sich hineinfressen, sich ein Loch in den Bauch ärgern, schwer im Magen liegen, mir dreht sich der Magen um, sauer reagieren, mit knurrendem Magen, unverdaulich, ein voller Bauch studiert nicht gern, randvoll sein, Blähungen des Geistes, Scheiße bauen, die Kacke dampft, das Wasser kocht im Arsch, sich den Arsch aufreißen, durchfallen, es geht mir beschissen, es verdirbt mir den Appetit, das ist zum Kotzen, das Wasser läuft mir im Munde zusammen, ein schwer verdaulicher Bissen, in die Hose gehen, das stinkt mir, den Schwanz einziehen, Hängen im Schacht, in den Arsch gekniffen sein, die Arschbacken zusammenkneifen, Arschloch,

Pfeffer im Hintern haben, Arsch mit Ohren, Scheiße zu Geld machen, Arschkriecher, Bockmist bauen, Bauchkneifen, Trommeln im Bauch spüren, eine Bauchlandung machen, in den Hintern schieben, Sesselfurzer, Schlappschwanz.

Galle / Lunge / Niere / Leber

Die Galle läuft mir über, sich grün und gelb ärgern, Gift und Galle spucken, sich schwarz ärgern, das habe ich im Urin, das geht mir an die Nieren, auf Herz und Nieren prüfen, sich verpissen, Pferdelunge, eine Laus läuft mir über die Leber.

II. Bildschärfeskala

Stellen Sie sich bitte vor,

- daß Sie einen Menschen vor sich sehen, den Sie in guter Erinnerung haben.
- wie er oder sie lacht.
- Sie hören Ihre Lieblingsmelodie.
- Sie hören das Laub unter Ihren Füßen rascheln, wenn Sie durch einen Herbstwald gehen.
- Sie streichen mit Ihren Fingern über einen Stoff aus Samt.
- Sie nehmen etwas Sand in die Hand und zerreiben ihn zwischen Ihren Fingern.
- Sie lassen den Geruch von Bratäpfeln mit Zimt in Ihre Nase steigen.
- ein frisch gebackenes, noch warmes Brot vor Augen zu haben. Nehmen Sie ein Stück der Kruste, riechen, spüren und essen Sie es.
- den Duft von Vanille zu riechen.
- Sie nehmen eine Weintraube in den Mund, zerbeißen sie und lassen sich ihren Saft schmecken.
- Sie hören sich eine Nuß knacken und zerkauen diese.
- wie Sie eine Treppe nach oben gehen.
- Sie tragen ganz behutsam ein neugeborenes Baby.

III. Ihr Zuhause

Stelle dir vor ... du stehst vor deinem Haus ... oder ... deiner Wohnung ... und ... laß dich sehen ... oder ... spüren ... wie du nun die Haustür aufschließt ... spüre die Bewegung ... wie sich die Tür öffnet ... und dann ... schließe bitte die Tür ... und ... schaue dich um ... gehe nun bitte von Raum zu Raum ... und ... rieche den besonderen Geruch ... in jedem Zimmer ... und ... spüre dabei die Unterschiede ... und ... hinter geschlossenen Augen ... laß dich bitte den Wohnraum sehen ... die Küche ... das Schlafzimmer ... .und ... noch andere Räume ... wieviele es auch sind ... und ... wenn ein Dachboden vorhanden ist ... suche bitte auch diesen Raum auf ... schalte das Licht an ... und ... schaue dich um ... und ... nimm auch hier bitte den besonderen Geruch wahr ... falls du einen Keller hast ... suche auch diesen auf ... gehe die Treppe hinunter ... und ... schaue dich um ... und dann ... bitte ich dich darum ... wieder in deine Wohnung zurückzukehren ... gehe nun bitte in dein Badezimmer ... und ... öffne den Hahn ... aus dem kaltes Wasser fließt ... laß dieses Wasser bitte über dein linkes Handgelenk fließen ... und dann ... öffne bitte den Hahn mit dem warmen Wasser ... und ... lasse dieses über das rechte Handgelenk fließen ... und ... spüre bitte den Unterschied ... dann ... stelle dich bitte unter die Dusche ... oder ... lasse ein heißes Bad einlaufen ... ziehe bitte deine Kleidung aus ... und ... spüre das warme ... oder ... heiße Wasser an deiner Haut ... und ... laß dich bitte spüren ... wie du sie mit Seife ... oder einer Körperlotion einseifst ... und dann ... trockne dich bitte ab ... und ... spüre deine Bewegungen dabei ... und ... das Handtuch an deiner Haut ... dann ... ziehe bitte deine Lieblingskleidung an ... Teil für Teil ... öffne bitte in deinem Wohnzimmer die Fenster ... und ... lasse frische Luft einströmen ... atme bitte ein paarmal tief durch ... und ... mache einige gymnastische Übungen ... die du kennst ... dann laß dich bitte sehen ... oder ... spüren ... wie du dir einen Kaffee oder einen Tee zubereitest ... oder ... dir ein anderes Getränk nimmst ... und ... Gebäck ... oder ... Kuchen ... auf einen Tisch stellst ... mache es dir so richtig gemütlich ... so ... wie du es gerne hast ... wenn du dich ganz wohl in deiner Haut fühlst ... und ... esse ... und ... trinke ... das ... was du dir besorgt hast ... vielleicht schaltest du das Radio dabei an ... und ... hörst ... deine Lieblingsmusik ... und ... wenn es jetzt noch etwas gibt ... was du gerne tun möchtest ... kannst du dir dieses natürlich auch gönnen ... und ... gewähren ... und nun ... komme bitte mit deiner Aufmerksamkeit zurück ... in diesen Raum ... wo du sitzt ... oder ... liegst ... und ... öffne deine Augen.

IV. Entspannung durch Fragen

Ich möchte Ihnen nun eine Reihe von Fragen stellen. Obwohl Sie jede Frage entweder mit „Ja" oder mit „Nein" beantworten könnten, ist es in dieser Übung aber gar nicht nötig, daß Sie dieses „Ja" oder „Nein" aussprechen oder auch nur in Ihren Gedanken bejahen oder verneinen. Ihre eigene Reaktion stellt bereits die Antwort auf die Frage dar. Dabei ist es völlig unwichtig, wie Sie reagieren. Es ist immer richtig so, was immer auch geschieht oder eben nicht geschieht. Geben Sie also einfach auf jede Frage die Antwort in Form Ihrer eigenen Reaktion. Und machen Sie bitte nach jeder Frage 5 –10 Sekunden Pause, um sich die Frage so richtig vorstellen zu können.

- *Können Sie nun Ihre Augen schließen?*
- *Wenn Ihre Augen noch geöffnet sind, dann schließen Sie sie bitte jetzt.*
- *Gelingt es Ihnen wohl, bei allen weiteren Fragen, die Augen geschlossen zu halten?*
- *Können Sie irgendwo in Ihrem Körper ein warmes Gefühl spüren?*
- *Können Sie den Boden unter Ihren Füßen spüren oder liegt Ihr Körper auf einer Unterlage?*
- *Können Sie sich die Entfernung zwischen Ihren Füßen vorstellen?*
- *Können Sie sich vorstellen, daß eine Rose vor Ihren Augen schwebt?*

- *Können Sie sich Ihr Mundinneres bewußtmachen?*
- *Können Sie auch den leisesten Hauch gegen Ihre Wange spüren?*
- *Können Sie in Ihre Hände hineinspüren?*
- *Können Sie spüren, wie die Spannung nachläßt?*
- *Können Sie sich vorstellen, das Sie etwas anschauen, das sehr weit entfernt ist?*
- *Können Sie sich den Zwischenraum zwischen Scheitel und Kinn vorstellen?*
- *Können Sie sich ein Bild vorstellen, das Frieden ausströmt?*
- *Können Sie sich Ihre Ringfinger bewußtmachen?*
- *Können Sie irgendwo in Ihrem Körper ein warmes Gefühl spüren?*
- *Können Sie das Hin und Her der Atemluft spüren?*
- *Können Sie sich den Zwischenraum zwischen Ihren Augen vorstellen?*
- *Können Sie spüren, wie Ihr Gesicht ganz weich wird?*
- *Können Sie nun wieder Ihre Augen öffnen?*
- *Wenn Sie Ihre Augen noch nicht geöffnet haben sollten, dann öffnen Sie sie bitte jetzt.*

V. Entspannung durch Farben

Stelle dir nun ... bitte bei geschlossenen Augenlidern ... in der Ferne ... einen roten Punkt vor ... der langsam auf dich zukommt ... und ... mit der Zeit ... dein inneres Blickfeld ... ganz ausfüllen kann ... ein leuchtend rotes Licht ... und ... wenn dein Blick ... ganz im hellen roten Licht badet ... stelle dir doch bitte dabei vor ... wie deine Füße ... deine Beine ... jeder einzelne Muskel ... sich dabei lockern kann ... auch die Muskeln deines Bauches ... wenn er in ... hellem roten Licht badet ... und bitte ... nimm dir Zeit dafür ... und nun ... laß das rote Licht langsam verblassen ... und ... schaue dabei zu ... wie es in der Ferne verschwindet ... und ... sich auflöst ... und nun ... stelle dir einen orangefarbenen Punkt vor ... und ... auch dieses Mal ... kommt es dir nicht vor ... als ob er näher kommt ... immer näher ... so ... daß du nur noch Orange vor dir siehst ... ein tiefes sattes Orange ... und ... wenn sein Lichtfeld dich erreicht hat ... dann ... entspanne alle deine inneren Organe ... den ganzen Oberkörper in diesem Licht ... laß deine Schultern ... und ... die Arme einfach fallen ... und ... spüre auch dabei ... wie dein Herz sich weitet ... und ... ganz offen wird ... und ... sich füllen kann mit diesem orangefarbenen Licht ... und nun ... laß es sich wie eine Wolke auflösen ... bis es irgendwann aus deinem Gesichtsfeld entschwindet ... und nun ... bitte ich dich ... dir vorzustellen ... wie ein gelber Lichtkreis auf dich zukommt ... er nähert sich ... und ... wird immer größer ... und ... größer ... und ... wenn er dich erreicht hat ... sonne dich so richtig in diesem Lichtfeld ... fühle dich doch bitte dabei in deinen Kopf hinein ... spüre ... wie sich jeder einzelne Muskel deiner Kopfhaut löst ... spüre die Stirn ... wie sich deine Haut in diesem sonnenfarbenen Licht glätten will ... auch das Kinn ... der Mund ... die Augen ... alles kann so leicht ... und ... locker werden ... und nun ... laß diesen goldgelben Lichtkreis vor deinen Augen verblassen ... schaue zu ... wie er sich in der Ferne auflösen will ... und dann ... stelle dir ein Blau vor ... ein Blau ... wie der Himmel an klaren Sommertagen ... und ... laß dich einfach dieses Blau erleben ... wenn es dich erreicht ... scheint es dich geradezu sanft emporzuheben ... spüre dabei ... wie deine Gedanken dabei verwehen ... als hätten sie Flügel ... und ... dein Geist ... dabei leichter ... und ... einfach freier wird ... und nun ... laß es einfach leichter ... und ... lichter werden ... und ... schaue bitte zu ... wie es nach oben entschwindet ... als ob du es mit deinem Ausatmen fortsenden kannst ... in den Himmel hinein ... und nun ... suche dir ein tiefes Violett ... ein Lila ... wie es auf dich zukommt ... und dich ... früher ... oder ... später ... einhüllt ... in ein tiefes Gefühl von Ruhe ... und von Frieden ... und ... einer Stille um dich herum ... und nun ... wie weit du auch immer gekommen sein magst ... lasse bitte auch diese letzte Farbe sich auflösen ... bis es auf einmal ... wieder hell ... und ... klar hinter deinen Augenlidern wird ... und ... diese Helligkeit ... hat eine so starke Bewegung ... daß du wieder die Außenwelt spüren möchtest ... öffne nun bitte wieder deine Augen ... und ... genieße die Farben deiner Umgebung ... und ... der Natur.

VI. Entspannung durch Schreiben

Stelle dir bitte vor ... du besitzt ein neues Heft ... mit vielen leeren Seiten ... und nun ... schreibe bitte in deiner Phantasie ... und ... bei geschlossenen Augenlidern ... auf den Umschlag dieses ganz besonderen Heftes ... deinen Namen ... so ... wie du dich nennst ... und nun ... schlage bitte dieses Heft ... auf der ersten Seite auf ... und ... schreibe ... ganz oben ... auf die linke Seite deinen Namen ... und ... rechts ... das Wort: „Entspannung" ... oder „Ruhe" ... oder ... ein ganz anderes Wort ... das für dich Rückzug aus der Welt ... und ... innere Behaglichkeit verspricht ... und ... wenn du dieses eine Wort ... für dich gefunden hast ... so schreibe es doch bitte rechts ... in dieses Heft ... gleich hinter deinen Namen ... und ... achte bitte auch darauf ... mit was du schreibst ... ist es ein Bleistift ... ein Füllhalter ... oder ein Kugelschreiber ... ist es vielleicht sogar dein liebstes oder ... ein ganz besonders kostbares Schreibgerät ... und ... achte bitte auch darauf ... wie du schreibst ... ich bitte dich ... schreibe langsam ... und ... in deiner Schrift ... wie du sie kennst ... und ... wenn du auch das für dich betrachtet hast ... dann ... fahre bitte fort zu schreiben ... du weißt schon ... links deinen Namen ... und ... rechts ... dieses besondere Wort ... in dieses Heft ... und dann ... wieder links ... deinen Namen ... und ... rechts ... du weißt schon ... was ... und ... fahre doch ruhig fort zu schreiben ... und ... da dieses Heft so viele leere Blätter hat ... kannst du das erste Blatt auch wenden ... und ... auf diesem ganz natürlich weiterschreiben ... so viel du willst ... und ... möchtest ... und dann ... gehe bitte noch einen Schritt weiter in deiner Phantasie ... und ... schreibe nun links ... das Wort ... das bisher auf dem Papier ... ganz rechts ... rechts gestanden hat ... und dann ... ganz einfach auf der rechten Seite ... „tiefer" ... dann ... wieder einmal links dein Wort ... und ... rechts davon ... noch einmal „tiefer" ... und ... auch das kannst du auf diese besondere Art vertiefen ... wenn du weiter schreibst ... und ... weiter schreibst ... vielleicht ... kannst du noch tiefer gehen ... und ... wenn du meinst ... für dieses Mal ... bist du wohl weit ... und ... tief genug gegangen ... dann schlage dieses Heft ganz einfach zu ... und ... lege dein Schreibgerät beiseite ... an einen Ort ... den du leicht finden kannst ... am besten neben dieses Heft ... und bitte ...

fühle nun in dich hinein ... hat etwas sich in dir verändert ... ist einiges in dir nun ruhiger als vorhin ... du weißt ... ein Fragen ... hofft auf Antwort ... vielleicht ... ist jetzt schon Zeit dafür ... doch ... wenn die Antwort erst später kommen will ... ist dies ganz natürlich auch in Ordnung.

Literatur

Achterberg, J. (1985) Die heilende Kraft der Imagination. Bern, München und Wien: Scherz

Anderson, G. (1996) Wellness. 22 Regeln zum Glücklichsein. Wien: Überreuter

Bencsik, A. (1996) Imaginative Verfahren in: Schorr, A., Handwörterbuch der Angewandten Psychologie, Bonn: Deutscher Psychologen Verlag

Bencsik, A. (1999) Die Landschaft ändert sich mit jedem Schritt. Neue Lebensperspektiven durch die Kraft der Phantasie. Zürich und Düsseldorf: Walter

Bencsik, A. (1999) Phantasiereisen zur Überwindung von Krankheit und Schmerzen. 37 Anleitungen zur Erkundung innerer Räume. Stuttgart: Kreuz

Cousins, N. (1984) Der Arzt in uns selbst. Reinbek bei Hamburg: Rowohlt

Dethlefsen, T., Dahlke, R. (1983) Krankheit als Weg. München: Goldmann

Epstein, G. (1989) Gesund durch die Kraft der Vorstellung. Ein Übungsbuch. München: Kösel

Faraday, A. (1972) Die positive Kraft der Träume. Bern und München: Scherz

Friebel, V. (1998) Die innere Weite erspüren. Aus Phantasiereisen Ruhe und Kraft schöpfen. Zürich und Düsseldorf: Walter

Geba, B.H. (1976) Das Atembuch. Berlin: Bodymind

Giesen, T. (1992) Glauben heilt. Energien aus dem Glaubensbekenntnis. Stuttgart: Radius

Giesen, T. (1994) Ich kann von Glück sagen. 30 Lockrufe. Stuttgart: Radius

Giesen, T. (1996) Leben ist Lieben. 80 Kolumnen. Stuttgart: Radius

Heuermann, M. (1995) Geträumte Tänze – Getanzte Träume. Entspannung, Phantasiereisen, Bewegung und Tanz. Dortmund: Borgmann

Hübner, W., Bencsik, A. (1998) Talisman. An der Quelle. (Audio-CD), Stuttgart: Kreuz

Hübner, W., Bencsik, A. (1999) Unter der Weide. Perlenkette. (Audio-CD und Audio-MC), Eitorf/Sieg: Sattler

Kast, V. (1998) Vom Sinn des Ärgers. Anreiz zu Selbstbehauptung und Selbstentfaltung. Stuttgart: Kreuz

Kast, V. (1998) Märchen als Therapie. München: Deutscher Taschenbuch Verlag

Kornfield, J., Feldman, C. (1998) Geschichten, die der Seele guttun. Freiburg im Breisgau: Herder

Kutschera, G., Harbauer, E.M. (1996) In Resonanz leben durch die Kraft Deiner Quelle. Phantasiereisen im NLP. Paderborn: Junfermann

Lazarus, A. (1980) Innenbilder. Imagination in der Therapie und als Selbsthilfe. München: Pfeiffer

Lermer, S. (1989) Immunkraft. Der mentale Weg zur Stärkung unserer Gesundheit. Düsseldorf, Wien und New York: Econ

Lorenz, S. (1996) Imaginative Meditation. Der Schlüssel zum Tor der Selbsterkenntnis. Berlin: Verlag für Wissenschaft und Bildung

Maaß, E., Ritschl, K. (1996) Phantasiereisen leicht gemacht. Die Macht der Phantasie. Paderborn: Junfermann

Peseschkian, N. (1993) Psychosomatik und Positive Psychotherapie. Frankfurt am Main: Fischer

Rosenberg, J.L. (1973) Orgasmus. Berlin: Herzschlag

Samuels, M., Bennet, H. (1978) Das Körperbuch. Berlin: Bodymind

Schmidbauer, W. (1984) Im Körper zuhause. Alternativen für die Psychotherapie. Frankfurt am Main: Fischer

Seemann, H. (1998) Freundschaft mit dem eigenen Körper schließen. Über den Umgang mit psychosomatischen Schmerzen. München: Pfeiffer

Simonton, O.C., Simonton, S.M., Creighton, J. (1992) Wieder gesund werden. Reinbek bei Hamburg: Rowohlt

Stangl, M.L., Stangl, A. (1991) Hoffnung auf Heilung. Seelisches Gleichgewicht bei schwerer Krankheit. Düsseldorf und Wien: Econ

Stanton, H.E. (1994) Die Kraft der Phantasie aktiv nutzen. Innenbilder als Weg zur Lösung alltäglicher Probleme. Berlin und München: Quintessenz

Teegen, F. (1994) Ganzheitliche Gesundheit. Der sanfte Umgang mit uns selbst. Reinbek bei Hamburg: Rowohlt

Tietze, H.G. (1983) Imagination und Symboldeutung. Genf: Ariston